존 넬슨 다비의
아버지와 그의 아들 예수 그리스도와
더불어 누리는 사귐

Fellowship with the Father and the Son

존 넬슨 다비의
아버지와 그의 아들 예수 그리스도와 더불어 누리는 사귐

존 넬슨 다비 지음 | 이 종 수 옮김

 형제들의 집

차례

아버지와 그의 아들 예수 그리스도와 더불어 누리는 사귐 07

하나님께서 은혜를 베푸시는 섭리 가운데
가장 큰 목적 ● 07
하나님의 자녀들을 향한 하나님의 관심과 목적 ● 09
당신 속에 영생이 있는가를 점검하라 ● 14
하나님의 임재 가운데 거하며 사는 삶 ● 23
크리스천을 특징짓는 세 가지 ● 26
우리의 영혼이 영구적인 평안을 누릴 수 있는 상태 ● 28
양심과 평안의 함수관계 ● 32
육신과 율법의 앙상블 ● 41
죽어야 산다 ● 45

아버지와 아들과 함께
마음을 나눌 수 있는 친밀한 사귐 ● 50
충만한 기쁨으로의 초대 ● 56
빛 속으로 더욱 깊이 들어가라 ● 67
그리스도 중심의 영성 ● 85
칭의와 사귐은 같은 것이 아니다 ● 91
죄들과 죄의 차이점을 알자 ● 106
하나님과의 사귐을 방해하는 것들 ● 112
기도와 경건의 습관을 무시하지 말라 ● 117
그리스도 안에서 성공적인 삶을 사는 원리 ● 120

"태초부터 있는 생명의 말씀에 관하여는
우리가 들은 바요 눈으로 본 바요 자세히 보고
우리의 손으로 만진 바라
이 생명이 나타내신 바 된지라
이 영원한 생명을 우리가 보았고 증언하여
너희에게 전하노니 이는 아버지와 함께 계시다가
우리에게 나타내신 바 된 이시니라
우리가 보고 들은 바를 너희에게도 전함은
너희로 우리와 사귐이 있게 하려 함이니
우리의 사귐은
아버지와 그의 아들 예수 그리스도와 더불어 누림이라."

(요일 1:1-3)

아버지와 그의 아들 예수 그리스도와 더불어 누리는 사귐
Fellowship with the Father and the Son

하나님께서 은혜를 베푸시는 섭리 가운데 가장 큰 목적

하나님께서 은혜를 베푸시는 섭리 가운데 가장 큰 목적은 우리를, 개인적으로 자신과의 사귐 속으로 이끄시려는 것이다. "우리의 사귐은 아버지와 그의 아들 예수 그리스도와 더불어 누림이라."(요일 1:3) 그러므로 우리는 하나님의 사람들을 통해서 전달된 하나님을 아는 지식이 있을 뿐만 아니라, 하나님과의 직접적인 사귐을 통해서 알게 되는 하나님을 아는 지식을 가지게 된다. 이러한 지식은 창조의 방식을 통해서 알게 되는 것이 아니라, 다시 말해서 단지 피조물로서 알게 되는 지식이 아니라, 그리스도와의 하나됨(union)을 통해서 알게 되는 지식이다. 우리는 성령에 참여하는 사람들이 되었으며, 거기엔 능력이 있다. "그의 성령을 우리에게 주시므로 우리가 그 안에 거하고 그가 우리 안에 거하시는 줄을 아느니라."(요일 4:13) 이보다 더 친밀한 것은 없다.

이러한 일은 인간의 지식이나 과학과는 아무 상관이 없다. 만일 인간의 지성으로 하나님의 일들을 탐구해본다 해도, 그렇게 얻게 된 지식은 다만 "하나님을 아는 지식을 대적하여 높아진 것"(고후 10:5)에 불과하게 된다. 그리스도 안에서 어린아이들은 이러한 것들, 즉 인간적인 수준으로 아는 정도의 지식만을 소유하게 되며, 그 이상의 것들을 찾지도 구하지도 않는다. 그들은 그저 자신들이 알고 또 소유하고 있다는 생각하는 것들 주변에만 맴돌 뿐이다. 그리곤 단지 머리로만 아는 지식일 뿐인데, 그러한 지식을 자랑하고픈 충동을 받아 기탄없이 자랑을 하곤 한다. 하지만 하나님의 영께서는 자신을 기꺼이 낮출 수 있는 사람의 영혼에만 역사하실 수 있으며 또한 하나님과의 사귐을 맛보고 누리게 하심으로써 영적인 실제에 속한 참 지식을 주신다.

하나님의 자녀들을 향한 하나님의 관심과 목적

요한 서신서는 다소 추상적인 측면이 있을 뿐만 아니라 가장 연약한 성도가 그리스도 안에서 알아야 하는 것들에 대해서 다소 희미하게 묘사하고 있다. 하나님은 우리의 본성까지 내려오셨는데, 이는 하나님께서 그리스도 안에서 나약한 존재에 불과한 우리에게까지 내려오실 수 있기 때문이다. 바울과 요한의 서신의 차이점이 여기에 있다. 즉 바울은 새 창조 속에 나타난 하나님의 계획들과 (히브리서와 골로새서에 계시된 것처럼, 그리스도의 위격의 다양한 모습들을 통해서) 유대인들을 향한 하나님의 계획들을 우리에게 펼쳐보여 주지만, 요한은 이 점을 매우 추상적으로 보여준다. 왜냐하면 요한은 하나님의 본성을 다루고 있기 때문이다. 거듭난 하나님의 자녀들을 향한 하나님의 관심과 목적은 우리를 하나님 자신과의 완전한 사귐 속으로 넣어주는데 있기 때문이다. 그러므로 그러한 사귐 속에 들어올 때에야 하나님의 본성을 닮는 역사가 일어난다.

여기엔 우리가 주목해야 하는 세 가지 것이 있다. 첫째, 하나님의 역사다. 이를 통해서 우리는 여하간 어떠한 죄의 문제로부터도 완전히 자유를 얻은 상태에서 하나님의 임재 가운데 들어갈 수 있게 되며, 이로써 우리는 하나님에게 속한 모든 것을 누릴 수 있게 된다. 둘째, 믿음에 의해서 의롭다 함을 받고 또한 사랑하는 자 안에서 열납되는 것이다. 이를 통해서 우리 양심은 완전히 깨끗함을 받고, 하나님 앞에서 완전한 평안 가운데서, 나 자신이 하나님께 받아들여진, 수용된 또는 열납된 사람이라는 의식을 늘 가지게 된다. 셋째, 흔히 중생이라고 불리는 새로운 출생 곧 거듭남의 역사다. 거듭남을 통해서 우리는 하나님을 사랑할 수 있는 새로운 본성을 받게 된다. 자신의 아버지를 한 번도 본적이 없는 고아라도 자녀로서 애정을 가질 수 있기 때문에 아버지를 사랑하는 마음을 품을 수는 있지만, 종종 자신이 불행하다는 생각을 갖는다. 왜냐하면 그러한 애정들이 사랑하는 대상이 없는 상태에서 그냥 생겼다가 없어지기 때문이다. 마찬가지로 하나님을 사랑하는 능력은 우리가 신성한 본성에 참여하는 자가 됨으로써만 얻게 되는 능력이다. 성령님은 우리에게 이러한 신성한 것들을 감지하고, 인식하고, 누릴 수 있는 능력을 주시는 분이시다. 우리는 하나님께서 우리에게 주신 것들을 누릴 수 있도록 "거룩하신 자에게서 기름 부음을 받았다."(요일 2:20) 그러므로 우리는 우리 양심에 전혀 거리낌이 없는 상태에서 하나님의 임재 가운데 설 수 있게 되었다. 우리는 거듭남을 통해서, 하나님을 즐거워할 수 있는 새로운 본성을 받았다. 뿐만 아니라 우리 속에 내주하시는 성령을 통해서, 이 새로운 본성으로 거룩한 행실을 할 수 있는 능력을 받았다.

특히 우리 앞에 놓여 있는 것은 우리가 마땅히 누려야 하는 것이지만, 본질상 가련한 죄인에겐 이해하기 어려운 것일 수 있다. 이것은 우리의 감정을 자극하며, 양심을 시험한다. 하나님은 빛이기에, 만일 내가 하나님의 본성에 속한 복을 받는 자리에 들어왔다면, 그 복은 반드시 양심을 시험할 것이다. 내가 과연 그 복을 받는 자리에 들어온 것이 맞는가? 하고 묻지 않을 수 없다. 만일 내가 그 복을 누릴 수 있게 되었다고 할 것 같으면, 나는 그 빛 가운데 있는 모든 복을 누릴 수 있을 뿐만 아니라 이러한 복을 소유한 척하는 모든 것을 시험할 수 있는 위치에 있게 된다. "하나님은 빛이시다." 하나님은 성도들의 마음 속에 이 빛을 불편하게 느끼는 것이 아니라, 오히려 편안하게 느끼게끔 만드신다. 그리고 이 일은 그리스도 자신을 제시함으로써 이루어지게 될 것이다. 이 서신이 쓰여질 당시 많은 일들이 일어났고, 하나님은 성도들이 진리로 돌아오길 바라셨다. 소위 과학이 개입하게 되었다. 사도적 가르침의 성격은 "성도에게 단번에 주신 믿음의 도를 위하여 힘써 싸우도록"(유 1:3) 격려하고, 그들로 하여금 이 일을 계속하게끔 함으로써 떠나간 성도들을 돌아오게 하는 것이었다. 사도 바울도 디모데에게 "너는 배우고 확신한 일에 거하라"(딤후 3:14)고 권면했다. 그것은 "태초부터 있는 생명의 말씀"(요일 1:1)에 관한 것이었다. 내 영혼은 날마다 그리스도를 더 잘 알아가야만 한다. 만일 내가 "하나님이 육신으로 나타난 바 되셨다"는 것을 믿음으로 받아들이는 순간, 나는 하나님 밖에 있는 것에 대해선 알고 싶은 마음이 사라지게 될 것이다. 왜냐하면 하나님 밖에 있는 것들은 다 거짓이기 때문이다. 세상 모든 지식의 문제는 그리스도에게 자리를 내주어야 한다. 내가 그리스도 안에 있게 되면, 아무 것도 나를 흔들 수 없다. 나는 그리스도 안에 있다. "내가 하나님의 아들의 이름을 믿는 너희에게 이것을 쓰는 것은 너희로 하여금 너희에게 영생이 있음을 알게 하려 함이라."(요일 5:13) 당신은 하나님의 아들을 믿는가? 그렇다면 거기에 안식이 있다.

당신 속에 영생이 있는가를 점검하라

요한일서 1장 1절을 보자. 첫째, 생명의 말씀이 태초부터 있었다. 둘째, 생명은 그저 하나의 교리가 아니라 사도들이 친밀하게 알고 있던 진정한 실존 인물이었다. 생명의 말씀은 모든 것의 복된 비밀이다. 만일 우리가 그리스도를 소유하고 있다면, 우리는 아버지가 가지고 있는 모든 것과 아버지를 계시하고 있는 모든 진리를 가지고 있다. 거듭남에 문제가 있지 않는 한 우리는 진리를 버릴 수 없다. 우리는 영생, 하나님에 대한 완전한 계시, 그리고 그리스도 안에서 생명의 능력을 가지고 있다. 이러한 것이 우리에게 성도의 완전한 즐거움이자 보장으로 제시되었다. 이 생명이 아버지와 함께 계시다가, 우리에게로 다가와 우리의 것이 되었다. 이것은 그리스도와의 하나됨을 가리키는 것은 아니지만, 그리스도 외엔 가까이 할 수 없었던 바로 그것을 우리에게도 주셨다는 사실을 가리킨다. 바로 아버지와 함께 했던 영생이다.

우리가 주 예수 그리스도를 깊이 묵상하고 또 연구해

보면, 우리는 그 무엇으로도 깰 수 없는 그리스도를 향한 애정을 갖게 될 것이다. 죄인이었던 한 불쌍한 여인은 자신이 예수께로 나아와야 하겠다는 확신을 가졌고, 그분을 사랑하게 되었다. 우리 기쁨의 비결은 우리에게 베푸시는 그리스도의 사랑을 아는데 있다. 그럴 때 우리는 그리스도에 대한 확신을 가지게 되고, 자신을 계시하고자 우리에게 그토록 가까이 오신 하나님을 이해할 수 있게 되며, 이로써 확신과 자신감을 갖게 된다. 우리가 그리스도를 더욱 깊이 묵상하고 연구하면 할수록, 우리는 그리스도의 길을 더욱 깊이 이해하게 되고, 그리스도 안에 있는 영적인 풍성함과 광대함을 더욱 깊이 깨닫게 되며, 그럴 때 그리스도의 신성의 충만이 우리에게 더욱 풍성하게 계시된다. 예를 들어, 그리스도께서 어린 아이들을 자기 품에 안으시는 것을 보았다면, 나는 그 속에서 이전에 보고도 느낄 수 없었던 하나님의 진정한 성품을 볼 수 있게 된다. "나를 본 자는 아버지를 보았느니라."(요 14:9)

이렇게 진리가 한 위격 속에서 계시되어 나타날 때, 나는 그 진리가 가장 비천하고, 가장 낮고, 가장 가련한 죄인을 위한 것이란 사실을 깨닫게 된다. 왜냐하면 그러한 것이 우리 주 예수 그리스도에게서 나타난 개인적인 행실이었기 때문이다. 그런 것이 "태초부터 있는 생명"이었다. 이제 이 "생명의 말씀"을 주목해야 한다. 이 생명의 말씀은 하나님이 그리스도 안에서 어떤 분이신가를 보여준다. 바로 이 생명이 우리에게도 주어졌다. 참이든 거짓이든, 모든 것은 이것을 통해서 시험받을 필요가 있다. 우리는 "거기에 사랑이 있는가?"하고 물어야 한다. 없다. 그렇다면 그런 것은 하나님에게서 나온 것이 아니다. "사랑하지 아니하는 자는 하나님을 알지 못하나니 이는 하나님은 사랑이심이라."(요일 4:8) 이것이 바로 사도 요한의 가르침이다. 요한은 우리를 대상 앞에 세운다. 즉 하나님이 어떤 분이신지를 보여준다. "태초부터 있는 생명의 말씀에 관하여는 우리가 들은 바요 눈으로 본 바요 자세히 보고 우리의 손으로 만진 바라."(요일 1:1) "하나님은 빛이시라."(요일 1:5) "그 아들 예수의 피가 우리를 모든 죄에서 깨끗하게 하실 것이요."(요일 1:7) 크리스천에게 이러한 생명이 주어졌다. 우리에게 전달된 생명의 수준과 높이를 보라. 사실 요한복음에서 우리는 "은혜 위에 은혜"로 주어진 그리스도의 충만을 볼 수 있다(요 1:16). 이러한 것은 "그에게와 너희에게도 참된 것"(요일 2:8)이다. 이것은 새로운 것이 아니라 "처음부터 가진 옛 계명"이었다(요일 2:7). 이제 새 계명이 주어졌는데, 그리스도와 우리에게 참된 것이다. 사도 요한은 옛것이지만, 그럼에도 이것을 새 계명이라고 불렀다. 바로 그리스도 자신이 우리의 생명이 되고, 이로써 "예수의 생명이 또한 우리 죽을 육체에 나타나는"(고후 4:11), 아주 단순한 진리다. 만일 불쌍한 한 죄인이 회심하고 또 거듭나게 되면, 그는 하늘에 계신 예수에게서 전달되는 생명을 소유하게 된다. 그 생명은 우리 같이 지극히 천한 존재에게로 내려온다. 하지만 그 생명은 또한 우리를 높이 솟아오르게 해준다!

이 복음은 창세 전에 시작되었다. 창세기는 창조와 함께 시작하며, 모든 것이 운동력 있게 움직이는 장면을 보여준다. 하지만 요한은 창조하는 일을 하신 창조주를 보여주며, 하나님의 선재성(the pre-existence of God)을 선언한다. "주께서 옛적에 땅의 기초를 놓으셨사오며 하늘도 주의 손으로 지으신 바니이다."(시 102:25) "주는 한결같으시고."(시 102:27) 우리는 창조 이전의 그리스도를 보게 되며, 그리고 나서 창조 속으로 들어오시는 것을 볼 수 있다. "말씀이 육신이 되어 우리 가운데 거하시매 우리가 그의 영광을 보니 아버지의 독생자의 영광이요 은혜와 진리가 충만하더라."(요 1:14) 그리고 그리스도는 생명의 근원이 되었다. 이로써 우리는 만물 앞에 영원 전부터 선재하셨던 하나님으로부터 생명을 받게 되었다. 우리는 하나님으로부터 새로운 본성을 받았고, 세상보다 앞서 계셨으며 또한 세상을 창조하신 분과 하나됨을 이루게 되었다. 이것은 두 가지 효과를 낸다. 즉 예수의 생명이 우리에게서 나타나게 되면, 우리 마음은 하늘을 우러러보며 수천수만 번의 감사를 올릴 것이다. 최소한의 사안은 예수의 생명이 나타나는 것이다. 우리 삶에 그리스도께서 나타나지 못하게 하는 것은 세상의 것이 우리 영혼 속에 침투했기 때문이다. 우리 영혼에 그리스도의 생명이 나타나게 하지 못하는 것은 그것이 무엇이든지 죄다. 너무 심한 말이 아니냐는 생각을 버리라. 그렇지 않다. 오히려 진실을 알게 된 것으로 기뻐하라. 사도 바울은 "너희도 마음을 넓히라"(고후 6:13)고 말했다. 나는 당신이 마음을 넓히길 바란다. 오, 우리 눈앞에 그리스도를 모신다는 것은 이제 모든 것을 그리스도의 빛으로 판단하고 분별할 수 있게 되었다는 뜻이다. 그것을 엄청 수준 높은 것이라고 생각하지 말라. 엄청 힘들게 배울 수 있는 교훈이라는 생각도 하지 말라. 그렇지 않다. 거기엔 육신의 정욕과 안목의 정욕과 이생의 자랑이 개입되어 있을 수 있다. 그러나 진정 하나님과의 교통 속에 있다면, 우리는 모든 것을 분별하게 된다.

우리가 생명을 받은 방식을 다시 살펴보자. 그것은 참으로 겸손하고 단순한 방식을 통해서 된 일이었다. 죄인들을 구원하고자 이 세상에 오신 그리스도는 우리를 자신의 충만을 담는 그릇으로 만들고자 하셨다. 이로써 우리는 아버지와 아들과 더불어 누리는 사귐 속으로 들어오게 되었고, 그것을 세상에 나타낼 수 있게 되었다. "우리의 사귐은 아버지와 그의 아들 예수 그리스도와 더불어 누림이라."(요일 1:3) 그 효과는 이렇다. 즉 우리에겐 아버지와 아들이 있고, 우리는 더 이상 (무엇이 더 있는 듯) 찾아 헤맬 필요가 없게 되었다는 것이다. 나에겐 아버지와 아들이 있다. 과연 아버지와 아들 밖에서 진리를 찾을 수 있는가? 나에겐 배울 것이 더 있을 수도 있다. 만일 사람이 대양 가운데 있다면, 그는 발견해야 할 것이 많을지도 모른다. 하지만 이제 진리를 찾기 위해 대양 가운데로 가지 않아도 된다. 그는 그저 "나는 그곳에 있다. 나는 진리 안에 있다"고 말하면 된다. 나는 배울 것이 많이 있다. 그러나 나는 아버지와 아들 안에 있고, 나는 진리 안에 있다. 만일 내가 그 안에 있다면, 그것을 찾고자 애쓸 필요가 없다. 나는 아버지에게 나아왔고, 나 자신이 그 안에 영원히 거할 영생하시는 하나님을 마음에 모시고 있다. 이러한 진리에 대한 의식이 있다면, 얼마나 위안이 되며 얼마나 놀라운 평강을 누릴 것인가! 이러한 의식은 외부에 있는 악으로부터 우리를 보호할 뿐만 아니라 우리 영혼 속에 영적인 안식을 준다. 만일 내가 여전히 무언가를 얻고자 애쓰고 있다면, 나에겐 아버지와의 교통이 없다는 뜻이다. 만일 내가 이미 하나님의 임재 속에 있음에도 여전히 주권자에게 가까이 다가가길 바라고 있다면, 나에겐 아버지와의 영적인 교통이 없다는 뜻이다. 만일 내가 거기에 이르지 못했다면, 나는 하나님의 임재 속에서 마땅히 누릴 수 있는 양심의 청결한 의식을 전혀 누릴 수 없을 것이다. 우리가 아버지와 더불어 누리는 사귐이 가져다주는 기쁨은 거기에 이르지 못하는 이상, 결코 알 수도 없고 맛볼 수도 없다.

하나님의 임재 가운데 거하며 사는 삶

"우리가 이것을 씀은 우리의 기쁨이 충만하게 하려 함이라."(요일 1:4)

겸손이 있는 곳에, 바로 거기서 하나님은 크리스천에게 임하신다. 만일 겸손이 없다면, 우리는 걸려 넘어지게 될 것이다. 우리가 하나님의 임재 감각을 잃게 되면, (나는 여기서 임재 감각이란 말을 사용했는데 왜냐하면 임재를 의식하건 하지 않건, 사실 우리는 항상 하나님의 임재 속에 있기 때문이다) 우리는 죄를 짓는 상황 속으로 들어가게 될 것이다. 만일 하나님의 임재에서 벗어나면 나의 자연적인 성격이나 육신이 모습을 드러낼 것이다. 성도가 두려움 없이 지속적으로 하나님의 임재 가운데 거하며 사는 삶이 있다. 만일 나와 하나님 사이에 무언가 끼인 것이 있다면, 나의 양심이 작용하게 될 것이다. 성령께서 근심할만한 일에서 돌아서게 되면, 영혼은 하나님의 임재 가운데서 사는 기쁨을 다시 회복하게 될 것이다. 이를 통해서 거룩함을 배우는 것이 사실이긴 하지만, 더 중요한 측면은 거룩한 기쁨의 실체를 배우게 된다는 점이다. 왜냐하면 우리 영혼은 양심을 탐색하는 과정을 건너 뛴 채, 그저 교통에만 몰입하려고 하기 때문이다. 양심이 다시 정결하게 되는 일이 교통을 회복하는 길이다. 이런 일은 영혼 속에 일어나는 참으로 위대한 역사다. 양심의 거리낌이 없는 상태에서 완전한 기쁨을 누리면서 하나님의 임재 속에서 안식을 누리는 상태 같은 것이 있다. 바로 그리스도의 평안으로 가득해진 상태다. "평안을 너희에게 끼치노니 곧 나의 평안을 너희에게 주노라."(요 14:27) 이 평안은 과연 어떤 평안이었을까? 이 평안에 감정의 방황이란 없으며, 있을 수도 없다. 오로지 하나님과 함께 하는 평안으로, 우리 마음이 충만해지는 것이다. 그리스도는 신성으로 완전하신 분이셨고, 그분의 모든 애정은 항상 하나님과 조화를 이루었다. 이제 하나님의 은혜와 능력으로 우리 또한 그 상태, 즉 그리스도께서 우리 영혼에 계시하시는 그 상태에 이르게 될 것이다. 그렇다면 세상은 물러가고, 그리스도께서 모든 것이 되실 것이다. 바로 거기에 완전한 기쁨이 있다. 이런 것이 종종 회심 이후에 경험하는 우리의 경험이긴 하지만, 이내 그리스도에 대한 사랑으로 뜨거워지기 보다는 오히려 세상이 조금씩 영혼 속에 밀려들어오고, 그 결과 기쁨도 줄어드는 일이 일어나는 것을 볼 수 있다.

크리스천을 특징짓는 세 가지

크리스천을 특징짓는 세 가지가 있다. 첫째, "하나님이 빛 가운데 계신 것 같이" 크리스천도 빛 가운데 있다. 하나님께서는 이스라엘에게 "내가 캄캄한데 거하리라"고 말씀하셨다. 그리고 시내 산에서 그들에게 가까이 오지 말라고 하셨고, 심지어 "짐승이라도 산에 들어가면 돌로 침을 당하리라"(히 12:20)고 말씀하셨다. 거기엔 좋은 점들도 있었지만, 하나님은 보이지 않는 어둠 속에 거하셨다. 하나님께서는 이스라엘을 위해 많은 일을 하셨지만, 자신을 나타내지는 않으셨다. 이제 휘장이 위에서부터 아래로 찢어졌고, 모든 것이 밝히 드러났다. 우리가 하나님의 임재 가운데 들어오게 된 진리의 본질은, 바로 하나님께서 이제 명백히 계시되셨고, 휘장을 통과해서 들어온 사람은 하나님의 거룩성의 빛 가운데, 그 자체로 완벽한 순결의 빛 가운데 서 있게 되었고, 거기에 합

당하지 않은 모든 것을 그대로 드러낼 수 있게 되었다는 것이다. 둘째, "우리가 서로 사귐이 있다"는 것이다. 우리는 아버지와 아들과 더불어 누리는 사귐 속에 함께 있고 또 동일한 성령의 내주를 경험하는 사람들로서 서로 사귐을 나눈다. 셋째, "그 아들 예수의 피가 우리를 모든 죄에서 깨끗하게"(요일 1:7) 해주기 때문에 우리가 거기에 있을 수 있게 되었다는 것이다. 빛 가운데 거하면 거할수록, 그 피를 통해서 우리 자신이 흠도 없이 깨끗하게 되었음을 더욱 선명하게 보게 될 것이다. 이런 일은 유대인들에겐 있을 수 없는 일이었다. 하지만 이제 하나님의 의(義)가 나타났기 때문에, 그리스도께서 빛 가운데 계신 것처럼 우리도 빛 가운데로 들어오게 되었다. 이 점이 당신을 불행하게 만드는가, 아니면 당신에게 기쁨과 행복을 주는가? 우리의 마음이 진실하다면, 우리 안에 있는 어둠을 감지하는 작용을 하는 빛을 기뻐할 것이다. "하나님이여 나를 살피사 내 마음을 아시며 나를 시험하사 내 뜻을 아옵소서 내게 무슨 악한 행위가 있나 보시고 나를 영원한 길로 인도하소서."(시 139:23,24) 우리는 빛을 피하고 싶어 하는 것이 아니라, 기꺼이 빛에 의해서 탐색을 받는 쪽을 선택할 수 있어야 한다. 이로써 마치 우리에게 죄가 없는 척 가식을 떨 것이 아니라, 오히려 자신의 죄를 자백함으로써 예수 그리스도의 피가 우리를 모든 죄에서 깨끗하게 했다는 의식을 가져야 한다. 빛 속에 거함으로써 얻는 효과는, 우리가 기꺼이 우리의 죄들을 자백함으로써 깨끗함을 얻게 되는 것이다. 그렇게 하는 사람은 "마음에 간사함이 없고 여호와께 정죄를 당하지 아니할" 것이다(시 32:2). 여기엔 두 가지 사안이 연결되어 있다. 곧 자백과 사랑이다.

우리의 영혼이 영구적인 평안을 누릴 수 있는 상태

1-4절은 여기엔 속임수가 없음을 말해준다. 그리고 5

절을 보면, "우리가 그에게서 듣고 너희에게 전하는 소식은 이것이니 곧 하나님은 빛이시라 그에게는 어둠이 조금도 없으시다는 것이니라"고 말한다. 그리스도께서 하나님의 임재를 통해서 알려질 때, 그런 것이 일종의 시험이다. 여기엔 죄에 대한 문제는 없다. 나는 어떻게 여기에 들어오게 되었는가? 바로 피를 통해서 왔다. 그리고 나서 나는 평안을 얻었다. 내가 하나님에 대해서 이성적으로 생각해보면, 이것은 별개의 사안이다. 그럼에도 우리가 거기에 도달했다면, 우리는 피를 통해 그곳에 도달한 것이며, 이것은 평안을 줄 것이며, 이 평안은 잃어버릴 수 없다. 물론 잃어버릴 수 있는 평안도 있다. 즉 갓 회심했을 때 무엇보다 행복한 감정이 찾아오게 되고, 모든 일이 순적하게 풀리게 되면 우리 마음은 그리스도의 은혜에 의해서 감격하게 된다. 하지만 무언가 일이 잘 되지 않게 되면 양심이 각성되고, 죄가 경고를 울리고, 평안을 잃게 됨으로써 우리가 어디에 있는지 알지 못하는 상태에 이르게 된다. 우리가 하나님과의 사귐 속에 들어왔다는 사실을 온전히 이해하기 전까지, 우리는 히브리서에서 "단번에 정결하게 되어 다시 죄를 깨닫는 일이 없으리니"(히 10:2)라고 말하는 상태, 즉 우리의 영혼이 영구적인 평안을 누릴 수 있는 상태가 무엇인지를 알 수 없게 된다. 만일 우리 영혼 속에 조금이라도 죄의 흔적이 남아 있다고 할 것 같으면, 우리는 결코 "아버지와 그의 아들 예수 그리스도와 더불어 누리는" 사귐 속으로 들어올 수 없다. 이러한 사귐 속에서 누리는 평안이야말로 영원한 평안이다. 새로운 본성에 의해서 솟아나는 애정의 힘은 하나님과의 사귐을 연결시키는 연결고리를 형성한다. 우리가 빛 가운데서 행할 때에만, 우리는 하나님과의 사귐이 가져다주는 실제적인 즐거움을 누리게 될 것이다. 우리는 악한 생각이 틈타지 못하도록 빛 가운데 거해야 하며, 그럴 때 우리는 하나님과의 사귐을 누릴 수 있다. 우리가 서로 교제하고 또 세상과 접촉할 때, 얼마나 많은 것들에서 우리 자신도 알아차리지 못하는 사이에 자아가 개입하는지 모른다. 그렇지만 크리스천 속에는 하나님 없이는 앞으로 나아갈 수 없다는 실제적인 의식이 있고, 하나님을 신뢰하는 가운데서 스스로 분별하고 기다리고 자백하며 또한 이러한 과정을 통해서 자신의 마음을 고요하게 하고 또 평안을 유지할 수 있는 영적인 자각이 있다.

여기엔 두 가지가 있다. 첫째, 영생이 우리 속에 있기 때문에, 우리의 삶 속에서 영생의 나타남이 있다. 둘째, 우리는 영생에 참여한 자가 되었기 때문에, 나는 아버지와 아들과 더불어 누리는 사귐을 누린다. 하나님은 우리에게 영생을 주셨을 뿐만 아니라 새 본성을 주셨기 때문에, 우리는 하나님과의 사귐을 누릴 수 있게 되었다.

주님은 우리 스스로 하나님의 사랑 속에 머물 수 있도

록 하나님의 임재를 느끼게 해주시고, 빛 가운데 행하게 해주심으로써 하나님에게 속한 것이 아닌 것들을 탐색하게 할 수 있게 해주시며 또한 그러한 것들을 영적으로 분별하게 해주심으로써, 하나님의 사랑을 누릴 수 있게 해주신다.

양심과 평안의 함수관계

만일 우리 마음이 하나님의 말씀처럼 단순해졌다면, 진리에 대한 우리의 인식은 그만큼 단순하고 쉬워질 것이다. 하지만 그렇지 않은 경우도 있다. 어떤 의미에서는 그럴 수도 없고, 그런 일이 불가능한 상황도 있다. 우리의 마음과 생각이 하나님의 생각에 복종하기 전까지는 어림도 없는 일이 되고 만다. 깨끗한 양심을 갖기 전까지 순전한 마음은 없을 것이다. 왜냐하면 우리 영혼이 하나님 앞에 서보기 전까지는, 죄 때문에 모든 것이 혼란과 어둠 속에 파묻혀 있기 때문이다. 부분적이거나 희미한 빛 가운데 있으면, 모든 것이 혼란스럽기 때문에 종종 두려움을 느낄 수 있다. 그렇지만 양심이 작용하고 있다면, 하나님은 진실하시며 또한 우리의 모든 생각은 그저 허망할 뿐이며, 우리의 모든 길은 어리석을 뿐이라는 사실을 우리 마음에 새기기 전까지, 두려움과 혼란이 우리 영혼을 지배하게 된다. 하지만 진실로 여기에 이르게 되면, 우리의 마음은 말씀처럼 단순해지게 된다. 우리 마음이 여기까지 작용하게 되는 것은 엄청난 일이 아닐 수 없다. 하나님께서 개입하시게 되면, 지성과 양심 또한 활발하게 움직이게 될 것이다. 그러나 우리의 생각이 하나님의 생각에 복종하기 전까지, 즉 우리 자신의 생각을 완전히 내려놓기 전까지 우리는 하나님을 찬양할 수 없을 것이며, 하나님의 생각을 기쁜 마음으로 받아들이는 일 또한 없을 것이다. 우리의 생각이 하나님의 생각의 흐름을 따라 흐를 때, - 그분의 생각이 우리의 생각이 되었을 때 -

이렇게 되면 모든 측면에서 복이 있다. 깨끗한 양심이 복이 있고, 선한 마음이 복이 있다. 그리고 당신은 기쁜 마음으로 모든 일을 잘 진행해나가게 될 것이다. 하나님이 말씀하셨지만 우리가 이치를 따지기 시작할 때에는 그렇지 않다. 우리의 생각이 하나님의 말씀을 대적하거나, 아니면 하나님의 계시에 우리의 생각을 섞는 일을 하게 될 것이다. 그런 것은 단순함이 아니다. 우리 영혼이 하나님의 생각을 받아들이고자 엎드릴 때까지, 당신은 완전한 평안을 가질 수도 없고, 가져서도 안된다. 내 속에 죄가 있는데, 어찌 내가 평안을 누릴 수 있단 말인가? 여기 어려운 점이 있다. "만일 우리가 죄가 없다고 말하면 스스로 속이고 또 진리가 우리 속에 있지 아니할 것이요."(요일 1:8) 만일 그리스도 안에 있는 하나님의 계시가 나에게 빛을 비춘다면, 나는 죄 없다(I have no sin), 즉 내 속엔 죄성이 없다는 말을 할 수 없다. 그 다음은 무엇인가? "만일 누가 죄를 범하여도 아버지 앞에서 우리에게 대언자가 있으니 곧 의로우신 예수 그리스도시라."(요일 2:1) 여기서 나는 어떻게 내가 아버지, 그리고 그의 아들 예수 그리스도와 더불어 누리는 사귐을 가질 수 있는지를 볼 수 있었다. 즉 아버지 앞에 있는 대언자 그리스도께서 우리가 잃기 쉬운 교통 속에 우리를 붙잡아 주는 일을 하는 분이셨던 것이다. 이런 것이 위대한 비밀이며, 인간의 교만을 여지없이 깨뜨려버리고, 하나님의 생각에 전적으로 복종하게 만든다. 하나님께서 계시를 주셨는데 내가 거기에 복종하지 않는다면, 그것은 불신이며 반역이다. 하나님은 "그 아들 예수의 피가 우리를 모든 죄에서 깨끗하게 하실 것이요"(요일 1:7)라고 말씀하셨다. 만일 내가 말하길 "나는 이런 저런 일을 저질렀으며, 하나님은 그것을 결코 잊지 않으실 것이다. 하나님은 모든 것을 아시기에, 다 기억하실 것이다"라고 말한다고 해보자. 이런 것은 이치를 따지는 것이지, 결코 하나님의 생각에 복종하는 것이 아니다. 그저 내 스스로 깨달은 것에 근거해

서, 하나님은 이러실 수밖에 없다고 결론을 내리는 것이
다.

상황이 이럴진대 나는 어떻게 평안을 누릴 수 있을까?
하나님은 우리 영혼의 각성 없이, 그저 일이 쉽게 진행되
도록 하지 않으신다. 하나님의 빛이 양심에 비칠 때 죄가
떠오르고, 전에는 볼 수 없었던 것들을 보게 된다. 하나
님은 빛을 비추고, 나는 어둠을 발견한다. 하나님은 어둠
과 관련될 수 없다. 나는 하나님께서 결코 받아들일 수
없는 것이 내 안에 있음을 발견한다. 그럴진대 하나님이
어떻게 나를 받아들일 수 있단 말인가?

나는 양심이 항상 이렇게 작동하는 모습을 보는 것이
기쁘다. 양심이 작용하게 되면 죄에 대해서 각성하는 일
이 일어난다. 빛이 영혼에 비치고, 마음의 바닥을 드러내
는 일이 시작된다. 인간 마음의 실상이 드러나게 되면 끔

찍스러움을 느낄 수 있다. 나는 악이 가지고 있는 다양한 모습을 말하고자 하는 것이 아니다. 이기심 속에 뱀처럼 똬리를 틀고 있는 것이 있고, 인간 마음이 자연스럽게 또는 냉철하게 계산적으로 작용하는 것도 있는데, 우리가 나름 열거해볼 수 있는 모든 죄악들 보다 더 나쁜 것도 있다. 그런 것도 있지만, 심지어 매우 고상한 척 점잔을 떠는 사람도 있다! 당신은 정말 점잖고 엄숙한 모습을 보이는데, 그렇다면 과연 당신의 마음을 다스리는 단 하나의 동기가 그리스도를 지배했던 것과 일치하고 있다고 말할 수 있는가? 당신의 가슴 속에서 웅장하게 끓고 있는 감정은 과연 그리스도 안에 있었던 것과 동일한 것인가? 그런 사람은 아무도 없다. 그렇다면 무엇이 인간을 지배하는가? 이기심이다. 그리스도는 그렇지 않았다. 그리스도 속에 이기심은 없었다. 그리스도 안에 있는 것은 모든 것이 사랑이었다. 그리스도를 이 낮고 천한 곳까지 내려오게 한 것은 사랑이었다. 그리스도께서 피곤하고 배고

픈 상태에서 우물 곁에 그대로 앉았을 때, 사랑은 그분에게 영적인 활력을 주었다. 사랑은 끊임없이 흐르는 사랑의 강수에 의해서 그분을 계속해서 이끌어갔다. 그리스도는 사랑에 반하는 그 어떤 것에 의해서 끌린 적이 없으셨다. 버림받고, 무시당하고, 배신당했지만, 그럼에도 여전히 지칠 줄 모르는 사랑의 행동이 있었다. 이기심도 사랑을 느낄 순 있다. 사람은 사랑과는 거리가 멀지만, 그럼에도 사랑은 인간의 마음속에 호의적이다. 물론 상냥하고 아름다운 성품을 가진 사람들도 있다. 하지만 그들은 어떻게 그들의 친화력을 이용하는가? 자신을 만족시킬만한 사람에게 다가갈 뿐이다. 자아가 사람을 지배한다. 굳이 이기심을 주입할 필요가 없다. 이미 그곳에 있다. 처음부터 끝까지 모든 것이 죄일 뿐이며, 모든 것이 자아다. 어떤 모습을 취하든 그것은 허영일 뿐이다. 이 글을 읽는 모든 독자에게 묻고 싶다. 이것이 사실이 아닌가? 어떤 사람은 그리스도의 고뇌를 묵상하는 시간을 내기 보다는 개인적인 취향을 만족시킬 방법에 골몰하거나, 어쩌면 멋진 옷을 입는 데 많은 시간을 할애하고 하고 싶어 한다. 그리스도께서는 우리가 항상 그런 일에 몰두하는 것을 기뻐하지 않으시며, 오히려 그리스도 그분 자신의 위격과 영광을 마음 속에 묵상하는 일에 몰두하기를 바라실 것이다. 내가 이런 것을 입증하고 싶을 때, 그렇다면 우리는 우리 마음의 실상을 충분히 나쁘게 생각하면 되는 것일까? 물론 마음의 실상을 아는 것은 좋은 일이다. 왜냐하면 어느 정도 내면에 있는 악의 뿌리와 원리를 충분히 판단하는 일을 하지 않는다면, 우리는 진리를 소유할 수 없기 때문이다. 그렇다고 해서 우리에게 악을 치유할 수 있는 힘이 있을까? 결코 그렇지 않다. 하지만 하나님 앞에 나아가 그 앞에 서게 되면, 우리는 그 점에 대해서 행복하게 비참해지는 것을 느끼게 될 것이다. 진리를 추구하는 열망이 있을 때 나는 소망하게 된다. 왜냐하면 나는 하나님 안에서 선함을 보기 때문이다. 그러나 내 안에 있는 악을 보게 되면 희망은 산산조각난다. 이런 일은 단순하지 않다. 어쩌면 나의 실상에 대한 일종의 지식을 가지고서 하나님 앞에서 나 자신을 판단하는 일을 할 수 있다. 이 일이 진실할 수도 있고 또 의로울 수도 있다. 하지만 그런 일을 하는 것은 율법이다. 율법의 원리는, 사람이 하나님을 향해 어떤 존재인가에 따라서 하나님이 사람을 향해 어떠한 분이신가를 보여준다. 이런 것이 항상 양심을 작용시키는 원칙이다. 왜냐하면 양심대로 행동하는 것은 옳은 일이기 때문이다. 악은 이런 데 있는 것이 아니라, 사실은 내가 나 자신에 대해서 완전히 절망에 빠진 적이 없다는데 있다. 하나님의 빛이 아직 나의 의지를 꺾지 못하였기 때문에, 나로 하여금 "나는 비천하오니 무엇이라 주께 대답하리이까 손으로 내 입을 가릴 뿐이로소이다…그러므로 내가 내 자신을 미워하며 또한 티끌과 재 가운데에서 회개하나이다"(욥 40:4, 42:6)라고 부르짖는 지경에 이를 때까지 압박하는 일이 지속될 것이다.

육신과 율법의 앙상블

사랑하는 친구들이여, 만일 나 자신이 하나님을 위해 행한 일을 근거로 하나님에게서 무언가를 기대하는 입장을 취하게 되면, 모든 것이 끝장나게 된다! 여기엔 정죄 외엔 아무 것도 없다. 하나님은 거룩하시지만 나는 그렇지 않다. 하나님은 의로우시지만, 나는 죄인일 뿐이다. 이 모든 영혼의 작용의 끝은 "나는 비천하오니"라고 부르짖게 만드는 것이다. 그것이 전부다. 하나님은 거룩하시지만 나는 그렇지 않다. 그분은 거룩하시고 또 거룩하셔야만 하며, 거룩하실 수밖에 없다. 당신은 하나님을 당신 자신만큼이나 낮은 자리로 내려오시도록 하고자 하는가? 그럴 수 없다. 나의 경우 그런 것을 생각하면 주님 앞에서 두렵고 떨리는 마음을 갖지 않을 수 없기에, 나는 그런 생각을 결코 하지 않는다. 영혼의 살리심을 받아 하나님의 본성을 받은 사람이라면, 어느 누구도 하나님께서 자신의 거룩성을 포기하고서 그저 죄를 눈감아주시기를 바라는 사람은 없을 것이다. 왜냐하면 신의 성품에 참여한 사람이라면 동일한 본성에 의해서 죄를 미워하는 법을 배웠기 때문이다. 나의 영혼은 하나님 자신 속에 있는 사랑을 조금이나마 맛을 보았다. 하나님께서는 사랑을 드러내지 않고서는 자신을 드러내실 수 없으시기 때문이다. 율법은 사람이 이러해야 한다는 것을 보여주지만, 하나님이 어떤 분이신지를 보여주지는 않는다. 율법은 하나님을 사랑하라고 말하며, 내가 사랑해야 한다는 사실을 보여주긴 해도, 내가 사랑해야 하는 하나님은 누구시며 또한 어떤 분이신지를 말해주지는 않는다. 욥은 내가 진정 하나님을 만날 수만 있다면! 이라고 말했다. 하나님의 손에 의해 아무리 산산조각이 났을지라도, 그는 자신이 하나님을 만날 수만 있다면 그분을 사랑하겠노라고 느꼈다. "하나님께서 나를 죽이실지라도 나는 여전히 그분을 신뢰하리라!"(욥 13:15, KJV 직역)고 말했다. 육체는 항상 율법의 지배 아래 있다. 예수 그리스도의 피가 우리를 모든 죄에서 깨끗하게 한다는 보배로운 진리를 믿음에 의해서 자신에게 적용하게 되면, 그 순간 모든 것이 쉬워지고, 모든 것이 평안하게 된다. 육체가 개입되면 문제가 생기고, 영혼은 절망에 빠진다. 영혼이 천당과 지옥을 왔다 갔다 하게 된다. 악이란 하나님과 교통을 누리며 동행하는 것은 없이, 그런 상황에 익숙해지는 것이다.

하나님이 나를 정죄하실 것이라고 생각하는 것은 하나님의 생각과 아무런 교감이 없는 상태에 빠져있음을 보여준다. 사귐이란 무엇인가? 같은 생각을 함께 공유하는 것이다. 같은 감정, 같은 애정, 같은 대상을 공유하는 것이다. 하나의 마음, 하나의 생각을 품는 것이다. 이런 식으로 우리는 하나님과 사귐을 가진다! 이 얼마나 멋진 일인가! 아버지와 아들과 더불어 누리는 사귐이다. 어떻게 그럴 수 있는가? 어째서 그래야 하는 것인가? 내가 하나님의 생각을 받아들인 일이 없다면, 내가 받은 것은 무엇이란 말인가? 아버지께서는 아들을 기뻐하지 않으셨는가? 그리고 아들 안에 모든 아름다움과 완전함이 있다는 사실을 나 또한 기뻐하고 있지 않은가? 한 영혼이 회심하는 것을 보면서 나 또한 즐거워하지 않는가? 그리스도께서 완전한 영광을 받으시고 또 존귀함을 받으시는 것이 당신의 기쁨이 아닌가? 이것은 또한 하나님이 기뻐하시는 일이 아닌가? 만일 하나님의 생각이 우리 생각의 원천이라면 우리의 즐거움이 충만해질 수 있다는 것을 의아하게 생각할 필요가 있는가? 성령께서 영적인 생각을 주실지라도 우리의 마음은 너무 좁아서, 그러한 것들의 충만과 권능을 받아들이지 못할 수가 있다. 하지만 우리의 즐거움은 충만할 뿐만 아니라, 아니, 흘러넘쳐야 한다. 우리의 즐거움이 롤러코스터를 탈 필요는 없다. 우리가 얻은 평안과 안식은 하나님 안에 있는 것이기에, 수정의 필요도, 변화의 필요도 없기 때문이다.

죽어야 산다

만일 우리가 내 안에 이런저런 모순이 있다고 말한다면, 어떻게 내가 하나님을 바라볼 수 있을까 하는 의문을 품기 시작할 것이며, 선한 것이라곤 아무 것도 없는 나의 마음으로 하나님에 대해서 나름 판단하면서 결국 우리는 다시 율법으로 돌아가게 될 것이다. 그렇다면 당신이 죄들에 대해서 무관심하기를 바라는 것일까? 그렇지 않다! 나는 당신이 확고하고도 지속적으로 (그 자체로는 비천하고 하나님을 기쁘시게 할 수 없기에 당신 스스로 완전히 내려놓아야 하는) 육신에 대한 판단을 지속하길 바란다. 우리 중 많은 사람들은 실패하고, 실패하고 또 실패함으로써 이러한 육신의 실체를 자세히 배울 필요가 있다. 신뢰할 수 있는 하나님의 말씀에서 나오는 한 줄기 빛을 통해서 그 점을 배우는 것이 훨씬 낫다. 하나님께서는 한 포도나무(곧 이스라엘)를 애굽에서 가져다가 약속의 땅에 심으셨다. 하지만 처음 싹을 낼 때부터 마지막까지 그 포도나무가 맺은 것은 육신의 열매였다. 육신은 오래된 나무이며, 들 포도 외에는 아무 것도 맺지 못한다. 이런 것이 하나님의 말씀을 통해서 배워야 하는 뼈아픈 교훈이다. 이것은 배우기 어려운 교훈이긴 하지만, 매우 진실한 교훈이다. 당신이 진실로 하나님의 임재 가운데 서게 된다면, "나는 육신에 속하여 죄 아래에 팔렸도다" (롬 7:14)라고 말하지 않을 수 없을 것이다. 당신은 과연 이 지점까지 와 본적 있는가? 당신 자신에 대한 하나님의 전반적인 판단을 기꺼이 받아들이겠는가? 이것은 너무도 끔찍스러운 경험일 것이다! 하지만 하나님이 주시는 풍성하고 충만한 복을 받으려면 당신은 그 지점까지 나아와야만 한다. 당신은 육신에 뿌리를 내리고 있는 자아는 결코 하나님을 기쁘시게 할 수 없다는 사실을 알고도 만족하다고 느껴본 적이 있는가? 진정 거기에 도달했다면, 나는 나 자신의 장점을 가지고 하나님을 판단하려고 했던 모든 생각을 포기하게 될 것이다. 이는 그런 생각을 버리지 않는다면, 하나님은 나를 그분의 임재에서 쫓아내실 수밖에 없기 때문이다. 나는 영생 얻는 것을 바랄 수 없을 것이다. 나는 할 수 없다. 나는 실패했다. 그렇다면 내가 그토록 간절히 원하는 것을 어디서 찾을 수 있는가? 그래서 하나님의 사랑이 이런 식으로 나타나게 된 것이다(2절). 하나님 자신이 나타나신 것이다.

당신이 원하는 생명은 다른 이를 통해서 온다. "은혜와 진리는 예수 그리스도로 말미암아 온 것이라."(요 1:17) 당신은 예수님과 정반대 입장에 있다. 당신은 생명을 어디서 발견했는가? 예수께서 나타나셨고, 아버지에게서 내려온 영생이 당신에게도 나타났다. 왜냐하면 당신의 마음은 결코 영생을 향해 마음을 열 수 없었기 때문이다. 만일 그리스도께서 내 생명이 아니라면 내 생명은 어디에 있는가? 그리스도께서 진정 내 생명인가? 그렇다! 내가 가지고 있는 생명은 얼마나 놀라운 것인가. 그 생명이 내 속에 있는 죄성(sin in me)을 보게 해준다. 이것은 사실이다. 하지만 만일 내 속에 죄성이 있다고 해서, 과연 나는 불완전한 생명을 가지고 있는 것인가? 내가 지은 모든 죄들(sins)은 예수님의 피에 의해서 정결하게 되었지만, 그럼에도 죄성(sin)은 여전히 내 안에 있는 그런 생명은 하나님을 기쁘시게 할 수 없는 삶인가? 그렇지 않다. 나는 단지 죄에 불과하기 때문에, 하나님께서 주신 생명을 절대적으로 필요로 한다. 하나님은 나로 하여금 아들을 통해서 살 수 있도록 자신의 아들을 보내셨다. 그것이 바로 하나님의 선물이다. 그렇다면 책임은 어디에 있을까? 생명을 얻는 문제에서, 책임의 문제는 없다. 생명은 값없이 주어진다. 이렇게 말하면 책임 문제를 약화시키는 것일까? 그렇지 않다. 나는 모든 힘을 다해서 진리를 말하고 있다. 만일 당신이 율법 아래에 있는 사람이라면, 당신은 율법의 권위를 약화시키거나 (왜냐하면 만일 내가 하나님이 자비로우시니 형 집행을 하지 않으실 것입니다 라고 말한다면, 나는 율법을 파괴하는 일을 하고 있는 것이기 때문이다.) 아니면 율법을 세우거나 둘 중 하나다. 이로써 율법의 완전한 정죄를 받게 되고, 당신은 그 율법을 통해서 죽음을 당하게 된다. 결국 당신은 잃어버린 죄인이 되고, 그리스도의 생명에 의해서 살리심을 받아야 한다.

아버지와 아들과 함께 마음을 나눌 수 있는 친밀한 사귐

"우리가 그에게서 듣고 너희에게 전하는 소식은 이것이니 곧 하나님은 빛이시라 그에게는 어둠이 조금도 없으시다는 것이니라."(5절)

하나님은 빛으로 임하신다. 죄는 어둠이다. 빛은 어둠과 사귐을 가질 수 없다. 빛이 들어오면 우리는 하나님의 거룩성이 내뿜는 충만한 빛 가운데 거하시는 하나님의 임재 가운데 서야만 한다. 당신은 그 빛 가운데서 행하고 있는가? 이것은 매우 실제적인 문제다. 행실은 그 사람이 실제로 어떤 사람인지를 그대로 보여준다. 당신은 하나님께서 휘장이 제거된 상태에서 빛 가운데 거하시는 것처럼, 그 빛 가운데 서 있을 수 있는가? 그저 그 빛을 따라 행하는 것이 아니라 그 빛 가운데서 행하고 있는가의 문제다. 당신은 양심의 각성이나 영적인 고군분투의 과정도 없이, 그저 당신이 하나님의 임재 속에 있다는 지

식만을 가진 채 그렇게 행한 적이 있는가? 만일 그런 경험이 없다면, 당신은 수년 동안 어떻게 신앙생활을 해온 것인가? 그렇다면 당신은 인간 마음의 끔찍스러운 어리석음도 모른 채, 끊임없는 도덕적 광기의 상태에서 지내온 것일 뿐이다! 당신은 하나님과 단둘이 있는 상태에서, 어쩌면 골방에서 당신이 행한 모든 일을 떠올리며 당신 양심 속에서 일어난 모든 걸 자백해본 일은 있는가? 정말 긴 이야기가 될 수도 있다! 하나님은 "너는 그런 일도 했고, 너는 그런 생각까지 서슴지 않고 했다. 나는 그 모든 것을 보았노라!"고 말씀하실 것이다. 이제라도 하나님과 대면하는 시간을 갖고서, 어쩌면 사람들 앞에서 한 번도 말해본 적이 없는 일들을 자백해보지 않겠는가? 이 모든 것이 그저 망각 속에서 잊히길 바라는 것인가? 그럴 수 없다. 당신은 사도가 말한 대로, 하나님께 알려진 사람이기 때문이다.

여기에 메시지가 있다. 누가 이 메시지를 가져왔는지 주목하라! 이 메시지는 그리스도께서 가지고 오셨다. 나를 그리스도에게로 이끌고, 또한 하나님 앞에 세우기 위한 것이다. 그렇다면 심판하려는 목적으로 그렇게 하신 것일까? 그렇지 않다! 하나님과의 사귐을 누리는데 방해가 되는 모든 것을 없애기 위해 오신 분에게로 나를 인도하기 위한 것이었다! 나는 다시 숨을 쉴 수 있게 되었다. 얼마나 위안이 되는 일인가! 내가 알고 싶어 했던 모든 것, 내가 생각해온 모든 것을 나는 이제 열망할 수 있게 되었다. 왜냐하면 그리스도는 그 모든 것을 없애는 일을 하실 뿐만 아니라 - 숨기거나 변명하기 위해서가 아니라, 모든 것을 제거하고자 오셨고 - 나를 하나님과의 사귐 속에 넣어주고자 오셨기 때문이다. 하나님의 아들께서는 그 모든 것을 단번에 영원히 해결하고자 죽으셨다. 하나님은 나를 제거하는 대신 내가 지은 죄들을 제거하셨다. 나는 이제 빛 가운데 있으며, 예수 그리스도의 피가 나를 모든 죄에서 깨끗하게 해준다. 나는 이제 하나님이 빛이심을 증거하는 하나님의 증언을 가지고 있다. 만일 하나님께서 내 속에 흠이나 티를 찾으실 수 없을진대, 누가 그럴 수 있는가? 나의 본성에 흠이 없다고 말할 수 있는가? 그럴 수 없다. 이 문제는 더 이상 내가 어떤 사람인가에 달려 있지 않다. 빛이신 하나님에게 달려 있으며, 나는 그 빛 가운데 있다. 나에게 나타나신 하나님은 예수 그리스도의 피가 나를 모든 죄에서 깨끗하게 한다고 말씀하신다. 하나님은 나를 완벽하게 사랑하셨다. 나는 그것을 어떻게 아는가? 내가 어떤 사람인가에 따라서 아는 것인가? 그렇지 않다. 나는 그것을 하나님이 어떤 분이신지, 그리고 하나님이 이루신 일을 통해서 그것을 안다. 그리고 나의 영혼은 한결같고 완벽하며 흔들림 없는 평안 가운데 안식하고 있다. 이는 하나님께서 자신이 어떠한 분이신지를 계시하셨으며, 또한 그리스도의 죽음을 통해서 하나님께서 완성하신 일을 계시하셨기 때문이다. 그리스도께서 이루신 일은 결코 변함이 없으며, 그리스도 또한 변함이 없으시다. 우리 영혼은 이렇게 완성된 구원의 권능 안에서 안식을 누린다. 만일 십자가에서 완성된 그리스도의 사역을 보지 못했다면 구원은 불투명해지고 희미해질 수밖에 없으며, 우리 영혼은 불안에 떨 수밖에 없다. 그렇기 때문에 그리스도의 사역은 변할 수가 없다. 그리스도의 피만이 내가 지은 죄들을 한 점 티끌도 남기지 않고 깨끗하게 해줄 수 있다. 만일 그리스도께서 구속의 역사를 완벽하게 해내지 못했다면, 언제 그 일을 완성하시는 것인가? 그리스도는 이미 완성하셨다. "그가 거룩하게 된 자들을 한 번의 제사로 영원히 온전하게 하셨느니라."(히 10:14) 성령의 가르침을 통해서 믿음이 이 사실을 붙잡게 되면, 그 믿음은 변하지 않을 것이다. "섬기는 자들이 단번에 정결하게 되어 다시 죄를 깨닫는 일이 없으리라."(히 10:2)

우리 모두에게 중요한 단어가 있다. 바로 교통(communion) 또는 사귐(fellowship)이란 단어다. 교통은 절대 중단되는 법이 없는가? 그렇다! 나의 교통은 종종 중단되는 일은 있어도, 하나님의 사랑이나 나의 확신은 중단되지 않는다. 왜냐하면 한 가지 죄라도 - 게으르고 하찮은 한 가지 생각만일지라도 - 개입하게 되면 하나님과의 교통은 끊어질 수밖에 없기 때문이다. 그런즉 그런 것이 우리 마음 속에 들어오게 되면 우리는 교통을 나눌 수 없다. 그에 대한 근거는 무엇인가? 그 대답은 요한일서 2장 1절에 나와 있다. "나의 자녀들아 내가 이것을 너희에게 씀은 너희로 죄를 범하지 않게 하려 함이라 만일 누가 죄를 범하여도 아버지 앞에서 우리에게 대언자가 있으니 곧 의로우신 예수 그리스도시라." 여기서 눈여겨볼 것은 하나님과 함께 하는 중재자가 아니라 아버지와 함께 하는 대언자란 점이다. 아버지와의 교통을 나누는 일은 중단될 수 있다. 대언하는 일은 두 가지 사실에 근거하고 있다. 하나는 의로우신 예수 그리스도께서 하나님의 임재 속에 계신다는 사실이고, 다른 하나는 그분은 우리를 위한 화목제물이란 사실이다. 우리는 아버지와 아들과 더불어 누리는 사귐을 가지고 있지만, 죄나 어리석음으로 인해서 그것을 잃을 수 있다. 그 때 그리스도께서 대언자로서 개입하시고, 그리스도의 영은 변호자의 역할을 맡아 일하심으로써 교통을 회복시키고, 우리를 아버지와 아들과 더불어 누리는 사귐 속으로 다시 돌아오게 하신다. 여기에 날마다 실패에 대한 치료법이 있다. 우리의 지위는 바로 아버지와 아들과 더불어 누리는 사귐 속에 있다.

충만한 기쁨으로의 초대

"우리의 기쁨이 충만하게 하려 함이라." (요일 1:4)

당신은 여기에 도달했는가? 그리스도는 화목의 역사를 이루셨다. 당신은 하나님과 화목이 이루어졌는가? 화목이 이루어졌다는 확신이 임할 때까지 안심하긴 이르다. 조금의 죄도 용납하지 말라. 그렇지만 하나님께서 이미 십자가의 피로 그 모든 죄들을 제거하셨다는 사실을 보지 못하는 일이 없어야 한다. 하나님은 죄에 대해서 경솔하게 생각하는 것을 허용하지 않으신다. 하나님께서 죄를 용납하시는 일만큼 불가능한 일은 없다. 하나님은 죄를 허용하는 것이 아니라 제거하신다. 당신은 과연 믿음에 의해서 이런 안식을 얻었는가? 십자가에서 흘린 피, 이제 다시 흘릴 필요가 전혀 없는 그리스도의 보혈을 믿는 믿음에 의해서 영원한 속죄와 영생을 얻었으며, 그 영생 안에서 안식을 누리고 있는가? 사랑하는 친구들이여, 하나님은 사랑이시란 사실을 잊지 말라. 당신과 함께 하는 모든 일에서 하나님은 사랑이시다. 하나님은 당신을 행복하게 만들고 싶어 하신다. 악 가운데서 당신은 행복할 순 없다. 왜냐하면 하나님은 사랑이시기 때문에, 그분은 우리로 하여금 이 사랑을 알게 하실 것이며 또한 그곳에서 우리의 안식을 발견하게 하실 것이다. 뿐만 아니라 하나님은 우리의 실패를 통해서 그분 자신을 의지하도록 하실 것이다. 내 속에는 여전히 죄성이 있기에, 주님을 떠나선 아무런 힘이 없다. 만일 죄와 실패가 있는데, 내가 하나님께 갈 수 없거나 또는 가지 않는다면, 나는 어디에 가서 힘을 얻을 수 있단 말인가? 모세는 출애굽기 34장 9절에서 "주여 내가 주께 은총을 입었거든 원하건대 주는 우리와 동행하옵소서 이는 목이 뻣뻣한 백성이니이다 우리의 악과 죄를 사하시고 우리를 주의 기업으로 삼으소서"라고 간구했다. 당신이라면 하나님 없이 목이 뻣뻣한 사람들과 함께 동행할 수 있는가? 모세는 "우리와 함께 하소서. 왜냐하면 이 사람들은 목이 뻣뻣한 백성이기 때문입니다"라고 말했다. 하나님이 함께 하시지 않는 한, 당신은 결코 죄를 이길 수도 없거니와 그것을 제대로 판단할 수도 없다. 그리스도는 우리가 죄를 미워하고 또 우리가 미워하는 것에 대항할 수 있는 힘을 우리에게 주실 수 있다. 하나님은 사랑이시다. 나는 그리스도 안에서 그것을 알고 있으며, 나를 방해하는 악에 대항하여 그리스도를 내 안에 모시고 있다. 내가 전에 두려워했던 것이 나에겐 너무 벅찬 것으로 다가올 수밖에 없다.

> "하나님이 우리를 사랑하시는 사랑을 우리가 알고 믿었노니 하나님은 사랑이시라 사랑 안에 거하는 자는 하나님 안에 거하고 하나님도 그의 안에 거하시느니라."
> (요일 4:16)

하나님 앞에서 (우리의 신분이 아니라) 우리의 상태에 대해서 생각해보자. 하나님께서 우리를 어둠 속에 남겨두지 않으신 것은 큰 자비다. 인간은 본성상 나름 판단의 기준을 가지고 있다. 심지어 이교도들도 이것을 가지고 있다. 뿐만 아니라 오늘날 기독교계에 속한 사람들의 경우에도 더하면 더했지 결코 부족하지 않다. 사람들은 어쩌면 자비에 의해서 누그러지긴 했지만 그럼에도 남을 쉽게 정죄하는 판단력을 가지고 행동을 하려고 한다. 그들은 하나님의 말씀에선 결코 볼 수 없는 것, 즉 심판과 자비가 혼합된 것을 가지고 판단하는 일을 한다.

그리스도는 사람을 거기에 남겨두려고 오신 것이 아니었다. 사람을 거기에 두려고 죽으신 것이 아니었다. 그리스도는 사람들을 지금까지와는 전혀 다른 상태 속에 넣어주고자 오셨다. 만일 인자께서 세상에 오셔서 죽으셨다면, 그것은 분명 참으로 위대한 목적을 위한 것일 수밖에 없다. 그리스도는 이 세상에 은혜와 진리의 총체적인 빛을 가져오셨고, 하나님과 사람 사이의 전체적인 관계를 바꾸는데 필요한 모든 것을 이루셨다. 그분은 그 일을 이루고자 오셨다.

3절에서 우리는 이 서신을 쓰는 목적을 볼 수 있는데, 곧 우리를 아버지와 그분의 아들 예수 그리스도와 더불어 누리는 사귐 속에 넣어주려는 것이었다. 이러한 사귐이 가능하려면, 죄가 완전히 제거되어야 하며, 아버지와 아들에 대한 하나님의 생각을 받아들여야 한다. 이 얼마나 경이로운 일인가! 단순히 죄에 대한 심판 문제를 해결하는 정도가 아니라, 아버지와 아들과 함께 마음을 나눌 수 있는 친밀한 사귐 가운데 들어가는 것이다. 이것이 마지막 날의 우리의 상태를 불확실성 가운데 남기는 것 같은가? 그렇지 않다. 하나님께서 우리와 사귐을 갖고 또 친밀한 우정을 쌓는 일을 하고서, 마지막 날에 우리를 정죄하실 것 같은가? 그렇지 않다. 이미 우리에겐 이 사귐을 방해할 수 있는 모든 것들이 영원히 제거될 정도로 깨끗하게 되었다.

사람의 생각이 본질적으로 얼마나 멀리 떨어져 있는

지를 주목하라. 사람들은 흔히 말하길, "나는 이런 사귐이나 이런 기쁨을 누려본 적이 없다. 하나님은 하늘에 계시고, 나는 땅 위에 있기 때문이다." 정말 그렇다면, 당신은 복음이 주는 혜택과는 거리가 먼 사람인 것이 분명하다. 만일 당신이 아버지와의 사귐을 누리고 있지 않다면, 당신은 아버지에 대해서 전혀 생각하고 있지 않거나, 아니면 아버지를 두려워하고 있다. 만일 당신이 하나님 앞에서 범죄자처럼 느끼고 있다면, 당신은 사귐도 없고, 사귐을 누릴 수도 없다. 그런 것은 결코 사귐이 아니다. 두려움이 있다면, 당신의 의지가 꺾인 적이 없다는 뜻이다. 어떻게 이런 일이 가능한가? 왜 그런 것일까! 당신의 마음이 쾌락이나 돈에 쏠려 있기 때문일 것이다. 그렇지 않은가? 당신은 육신을 좇고, 하나님을 대적하는 것들로부터 돌아서지 않고, 하나님과의 사귐을 방해하는 것들을 포기하지 못하고 있는 것은 아닌가? "육신의 생각은 하나님과 원수가 된다."(롬 8:7) 이런 것이 자연스러운 우리의 상태이며, 하나님의 말씀이 어둠이라고 부르는 것이다. 단지 어둠 속에 있는 것이 아니라, 마치 하나님께서 빛인 것처럼 어둠 그 자체다. 악은 바로 당신 속에 있다. 그럼에도 술주정뱅이처럼 악을 전혀 느끼지 못하고 있다. 뿐만 아니라 그런 사람은 비천한 욕망을 충족시키는 일을 좋아한다는 사실을 잊지 말라. "너희가 전에는 어둠이더니."(엡 5:8)

그렇다면 이 어둠은 무엇인가? 본성의 부패다. 당신 자신을 그리스도와 비교해보라. 그리스도는 좋은 것의 본보기셨다. 당신은 그 반대가 아닌가? 당신은 어떻게 하다가 그렇게 되었는가? 당신이 위하여 살아가는 모든 대상은 그리스도께서 위하여 사셨던 것과 정반대이기 때문이다. 그리스도는 항상 하나님을 위하여 사셨지만, 당신은 쾌락, 돈, 명성, 그리고 수천 가지 것들을 위해 살고 있다. 나는 당신의 외면적인 삶에 대해서 말하는 것이 아니라 당신의 마음 속 동기를 말하고 있다. 당신 삶을 지배하는 모든 것은 그리스도를 지배했던 것과 정반대다. 어린 시절부터 더러운 곳에서 자란 사람이 있다고 생각해보자. 그는 그것이 더럽다는 것을 전혀 느끼지 못할 것이다. 그는 그런 것과 환경에 익숙해졌다. 왜 그런가? 왜냐하면 그의 마음이 그의 옷이나 집처럼 더럽기 때문이다.

만일 우리가 죄에 익숙해지면 죄가 죄로 보이지 않는다. 그것은 무엇을 말하는가? 우리가 죄를 사랑하고 있다는 것을 말해준다. "그 정죄는 이것이니 곧 빛이 세상에 왔으되 사람들이 자기 행위가 악하므로 빛보다 어둠을 더 사랑한 것이니라."(요 3:19) 예수님을 거부한 것이 그에 대한 증거였다. 당신은 어쩌면 이렇게 말할지 모르겠다. "만일 내가 그 시대에 살았더라면, 그들이 했던 일을 하지 않았을 것이고, 예수님을 거절하지 않았을 텐

데." 정말 그랬을까? 그렇다면 당신은 지금 무슨 일을 하고 있는가? 당신은 예수님에게서 무슨 아름다움을 보았는가? 당신 자신 속에 있는 어둠을 조금이라도 보았는가? 예수님은 당신 앞에 여러 가지 말씀의 증거를 내놓으셨지만, 당신은 그분에게서 아름다움을 보지 못했다. 그런 것이 어둠이다. 우리는 우리의 욕망을 사랑할 뿐, 주 예수 그리스도를 사랑하지 않고 있다. 그런 것이 우리의 상태다. 그리스도께서 매일 우리의 마음을 사로잡고 또 소유해야 하는 대상이 전혀 아니다. 그럴진대, 우리가 어떻게 사귐을 가질 수 있단 말인가? "하나님은 빛이시라 그에게는 어둠이 조금도 없으시니라."(요일 1:5) 반면 당신은 어둠인데, 어떻게 당신이 하나님과 사귐을 가질 수 있는가? 당신은 당신의 행실에 있어서, 당신의 의지에 있어서, 당신의 판단에 있어서 어둠이다. 이는 당신의 판단이 당신의 의지, 당신의 동기, 당신의 열망 등에 의해 좌우되기 때문이다. 그분은 거룩 자체이시며, 빛이시다. 그렇기 때문에 순결하고 또한 모든 것을 있는 그대로 드러내준다. 만일 그분이 당신 안에 있는 모든 것을 드러내신다면, 어찌 당신이 그분과 사귐을 가질 수 있겠는가?

이것은 하나님이 어떤 분이신가에 대한 메시지다. 즉 "하나님은 빛이시라 그에게는 어두움이 조금도 없으시니라."(요일 1:5) 하나님은 그분의 빛을 포기할 수 없으시며, 어둠과 사귐을 가질 수 없으시다. 만일 하나님께서 그렇게 하신다고 해서 그런 것이 축복이 될 순 없을 것이다. 이것은 여기 이 땅까지 내려온 메시지다. 이 메시지는 하늘에 있지 않고, 여기 이 땅에서 거듭난 사람들이 보물처럼 소유하게 된 메시지로서, "하나님은 빛이시라 그에게는 어두움이 조금도 없으시니라"는 것이다. "만일 우리가 하나님과 사귐이 있다 하고 어둠에 행하면 거짓말을 하고 진리를 행하지 아니하는 것이다."(요일 1:6) 만일 당신이 자신을 크리스천이라고 부르며, 하나님과 사귐을 가지고 있다고 말하면서, 여전히 어둠에 행하고 있다면 당신은 자신을 속이고 있는 것이다. 이것은 무서운 일이다. 하나님은 사람의 마음에서 완전히 벗어나 계시지만, 그럼에도 사람은 그분에게서 벗어나 있다는 감각을 가지고 있지 않을 수 있다. 하나님은 빛이시다. 그렇기 때문이 하나님이 어둠과 사귀는 일은 결코 있을 수 없다. 하나님은 어둠과 사귐을 갖고자 자신을 부정하실 수 없고, 자신의 거룩성을 파괴할 수도 없으시다. 당신은 자신을 속이고 있다.

빛 속으로 더욱 깊이 들어가라

함께 살펴볼 또 다른 사안이 있다. "그가 빛 가운데 계신 것 같이 우리도 빛 가운데 행하면 우리가 서로 사귐이 있고 그 아들 예수의 피가 우리를 모든 죄에서 깨끗하게 하실 것이요."(요일 1:7) 하나님은 당신을 그분 자신에게서 떠나보내지 않으실 것이다. 하나님이 당신을 행복하게 해준다면, 그것은 하나님 안에서 이루어지는 일이다. 이런 일은 자연인의 양심이 두려워하는 일일 수밖에 없다. 하나님의 임재 속에서 이루어지는 일이기 때문이다. 하나님은 그분의 거룩성을 조금도 훼손하지 않으시고, 하나님이 빛 가운데 계신 것처럼 우리를 빛 가운데로 넣으신다. 그래서 하나님이 빛 가운데 계신 것처럼 나도 빛 가운데 있다. 이런 일은 그리스도 안에서 이루어지는 일이다. 우리는 과연 그리스도 안에서 무엇을 보는가? 모든 생각에서 거룩이다. 이스라엘은 공포심으로 하나님께 순종하고자 했지만, 그리스도는 사랑으로 순종했다. 사람들은 이스라엘처럼, 심판의 두려움 아래서 이 일을 하고자 한다. 사람들은 심판의 관점에서 하나님의 뜻을 행하고자 한다. 그리스도께서는 "보시옵소서 내가 하나님의 뜻을 행하러 왔나이다"(히 10:9)라고 말씀하셨다. 이스라엘은 하나님의 뜻을 행하고자 했지만, 우리는 그들이 어떻게 실패했는지를 알고 있다. 그런 것이 바로 사람들이 하고 있는 일이다. 즉, 심판을 피해보려는 마음에서 하나님과 함께 하려는 것이다. 하나님은 이스라엘이 할 수 없다는 것을 입증하고자 그들을 다루셨다. 하지만 그리스도께서는 그 일을 은혜로 하셨다. 그래서 그리스도께서 이 땅에 오셨을 때에, 그분은 모든 일에 순종하셨고 사랑으로 하셨다. 우리는 그리스도의 모든 길에서 무엇을 찾을 수 있는가? 악과의 분리다. 그리스도는 세상을 통과하는 동안 악과는 거리를 두셨다. 그리스도는 문둥병자를 만지셨지만 더럽혀지지 않았다. 그리스도는 사랑이셨다. 그분은 사랑하는 일 외에는 아무 것도 하지 않으셨다. 그분은 거룩함과 죄 가운데 하나님의 사랑의 살아 있는 표현이셨다.

이러한 진리가 우리 양심을 밝힐 때, 내가 그간 그리스도를 경시했고 또 그리스도를 좇기 보다는 게으른 허영심을 더 좇았다는 것을 보게 될 것이고, 그럴 때 나 자신의 실상이 드러나게 될 것이다! 내가 그리스도의 사랑을 진실로 보게 되면, "아, 나는 그리스도보다는 예쁜 옷 한 벌을 더 좋아하고, 그리스도께서 싫어하시는 것을 알면서도 그냥 무시하고 저지르고 보는 가련한 사람이었구나!"라고 말하게 될 것이다. 이렇게 빛 속으로 들어가고, 하나님의 임재 속으로 들어가게 되면, 우리는 스스로를 제대로 보게 될 것이다. 나는 나 자신의 실상을 바르게 판단하게 될 것이며, 그간 내가 무슨 일을 해오고 있었는지, 나 자신이 어둠 속에 있는 동안 무슨 일을 했는지를 비로소 보게 될 것이다. 물론 나는 빛을 보게 될 것이다. 그러므로 이 모든 일은 믿음으로 해야 한다. 내가 모든 것을 깨닫지는 못할 것이지만, 그럼에도 나는 하나님의 임재 속에서 모든 것을 공정하게 판단하게 될 것이며, 나 자신을 미워하게 될 것이다. 그리고 우리가 우리 자신을 미워하기 시작하는 것은 바로 하나님이 우리를 미워하지 않는다고 생각하기 시작할 때이다. 율법의 정신이 개입하게 되면 우리는 죄를 미워하게 되지만, 다만 그 결과를 두려워하는 상태에 빠질 뿐이다. 그러나 그리스도의 빛이 임하게 되면 우리는 죄를 미워하게 되며, 여기엔 겸손이 찾아온다. 나는 죄를 미워하고 또 나 자신을 혐오하게 될 것이다. 바로 여기에 진정한 도덕적 변화가 있다. 나는 참 빛 속으로 들어왔다. 사람이 하나님 앞에 서게 되었을 때, 얼마나 큰 차이를 만들어내는지를 보라. 두려움에 사로잡혀 도망치는 것도 아니고, 완전한 평안 속에 빠지는 것도 아니고, 다만 사랑 안에 계신 하나님 앞에 서는 것이다. 그럴 때 나는 하나님의 임재 속에 들어가게 되고, 나 자신의 실상이 그대로 드러나는 것을 보게 될 것이다. 그러므로 반복해서 말하지만, 빛 속으로 더욱 깊이 들어가라. 처음엔 힘들고 괴로울 수 있지만, 곧 편안해질 것이다. 이는 마음이 바르게 정립되기 때문이다.

"그 아들 예수의 피가 우리를 모든 죄에서 깨끗하게 하실 것이요."(요일 1:7)

여기에 죄를 미워하는 것 이상의 것이 있다. 우리는 빛 속으로 들어왔다. 하나님께서는 어둠의 그늘을 허용하시듯이, 빛을 약화시키지 않으실 것이다. 그분은 우리를 너무나 사랑하시기 때문에 하나님의 영광을 훼손시킬 만한 것을 조금도 허용하지 않으실 뿐만 아니라, 우리를 행복하게 해주시고자 빛 속에서 일하고 역사하신다. 그러므로 죄를 허락하는 대신, 죄를 깨끗하게 하는 일을 하신다.

만약 하나님이 빛 가운데 계신 것같이 빛 가운데서 행하려면, 나는 어떻게 거기에 갈 수 있는가? 그리스도의 생명 뿐만 아니라, 나에겐 그리스도의 죽음도 필요하다. 그리스도의 생명 안에서보다 그리스도의 죽음 속에서 더

많은 빛이 빛나고 있다. 거기서 하나님은 죄를 조금도 용납하지 않으시는 분으로 나타나셨다. 하나님은 십자가에서, 죄악을 조금도 용납하실 수 없는 분이심을 만천하에 나타내셨다. 그리스도께서 거룩 자체이셨을진대, 그럼에도 그리스도에게 죄악을 지게 했다면, 그것은 죄의 끔찍스러움을 더욱 선명하게 드러내는 것이 아닐 수 없다. 만일 하나님과 그리스도께서 죄의 문제를 두 분 사이에서 해결해야 했다면, 하나님과 그리스도는 죄에 대한 두 분이 가지고 있는 지식의 완전함에 따라서 그 문제를 해결하셔야만 했다. 그러므로 거기서 빛과 죄가 만났다. 빛이 죄에 대한 심판 속으로 들어갔다. 빛은 죄와의 만남을 가졌고, 심판 속에서 만났다. 그렇다면 우리는 어디서 그에 대한 열매를 얻을 수 있는가? 이제 십자가 앞에 서라. 거기서 그리스도는 자신을 내어주셨으며, 그리스도께서 우리를 위하여 모든 것을 내어주신 것을 보게 될 것이다. 빛과 사랑이 십자가에서 나온 것처럼, 그렇게 나온

적은 없었다. 왜냐하면 십자가에서 빛의 완전성과 순종, 사랑의 완전성과 기꺼이 자기 자신을 내어주는 사랑이 만나 하나가 되었기 때문이다. 그리스도께서 친히 죄가 되신 것처럼, 일찍이 그런 순종은 없었다. 모든 것이 하나로 모아졌을 때, 나는 그리스도 안에서 나타난 빛과 사랑을 볼 수 있었다. 어째서 이런 것인가? 이는 하나님의 아들 예수 그리스도의 피가 우리를 모든 죄에서 깨끗하게 하기 때문이다.

이제 내가 빛 속으로 들어오게 되었으니, 나는 무엇을 볼 수 있는가? 나에게 죄가 있음을 볼 수 있을까? 그렇지 않다. 나는 그 모든 죄가 그리스도에게로 넘어간 것을 보고 있다. 나는 빛이 그리스도에게 넘어간 죄를 다루는 것을 볼 수 있다. 하나님이 거하시는 빛 가운데로 나도 들어왔을 때, 나는 그리스도께서 십자가에서 내가 지은 모든 죄들을 제거했음을 보았다. 그리고 나 자신이 빛 가운데 있는 존재이기 때문에, 그 사실이 나로 하여금 그 진실을 볼 수 있게 해준 것이다. 내가 온통 죄악으로 가득한 죄의 실상을 보았을 때, 나는 그것이 그리스도에게로 옮겨진 것을 볼 수 있었다. 그리고 이제 내 양심이 깨끗해지는 것을 경험하게 되었을 뿐만 아니라 하나님과의 평화가 찾아왔다. 이 일은 빛 속에서 일어나는 일이다. 나는 빛 가운데 있고, 하나님께서 빛 가운데 계신 것과 같다. 나로 하여금 죄를 보게 해준 바로 그것이 나로 하여금 죄가 깨끗하게 된 것을 볼 수 있게 해주었다. 나는 하나님이 사랑이시라는 진실을 알게 되었고, 이 진실을 통해서 나는 평안을 얻었다. 이제 우리는 우리 영혼의 내부에 진리를 간직하게 되었다. "만일 우리가 우리 죄를 자백하면," 그런 식으로 낱낱의 죄를 인정할 수 있다면, 그것은 영혼 내부에 진리가 간직되었다는 뜻이다. 시편 32편을 보라. 그러면 우리는 하나님의 임재 속에서 죄 사함을 받았다는 확신을 갖게 될 것이고, 거기서 나는 하나님의 마음에 다시 열납될 정도로 내가 깨끗해졌다는 믿음을 갖게 될 것이다. 그리고 나서 나는 하나님의 사랑을 배운다. 이사야서 43장 24절에서 하나님은 "네 죄짐으로 나를 수고롭게 하며 네 죄악으로 나를 괴롭게 하였느니라"고 말씀하셨다. 그 다음은 무엇이라고 말씀하셨는가? "나 곧 나는 나를 위하여 네 허물을 도말하는 자니"라고 말씀하셨다. 이런 것이 하나님의 사랑이다.

이제 새로운 메시지는 "하나님은 빛이시라"는 것이다. 하나님은 변함이 없으시다. 당신도 그러해야 한다. 이런 일이 일어나는 장소는 십자가다. 십자가에 담긴 메시지는 하나님의 완벽한 사랑이다. 당신의 영혼을 향해 온통 사랑으로 가득하신 하나님께서는 당신에게 죄가 무엇인지를 알려주시는 것을 심판 날까지 기다리지 않으시고, 그리스도 안에서 하나님이 보시는 그대로 다 말씀하셨으며, 또한 그 죄를 제거하는 일을 하셨다. 그렇기 때문에 그러한 은혜를 경멸하는 죄를 짓는 것은 두려운 일이다.

　요한의 모든 글을 통해서 알 수 있듯이, 여기에 우리 앞에 놓여있는 특별한 요점은 아버지께서 아들 안에서 나타나신 것은 우리를 아버지와 아들과 더불어 누리는 사귐과 연합 속으로 넣어주려는 것이라는 점이다. 여기에 들어가는데, 사실상 우리에게는 두 가지 어려움이 있었다. 즉 하나는 하나님의 거룩한 본성과 성품이고, 또 다른 하나는 우리의 상태다. 요한은 먼저 하나님이 가지고 있는 이러한 복된 생각과 목적을 우리에게 알려주고, 아버지와 아들과 더불어 누리는 사귐을 제시한 다음, 이어서 여기에 들어가는데 어려움이 무엇인지를 보여준다.

　크리스천으로서 우리는 하나님에게서 난 자로서 신의

성품에 참여하였고, 새로운 본성을 받았으며, - "영으로 난 것은 영이니(which is born of the Spirit is spirit)" - 하나님을 기뻐하는 능력을 받았다. 이로써 우리는 성령에 속한 힘을 가질 수 있게 되었다. 악한 본성은 나름 특별한 기쁨을 가지고 있다. 마찬가지로 우리 속에 있는 신성한 본성 또한 신성한 것을 기뻐한다. 만일 이것이 단순히 그런 문제라면, 모든 것은 매우 간단하게 해결될 것이다. 그러나 육신도 거기에 있다. 우리가 아버지와 아들이 아닌 다른 것들과 이런 사귐을 가진 적이 없었다면, 우리는 결코 아버지와 아들과 더불어 누리는 사귐과 같은 종류의 사귐을 결코 누릴 수 없었을 것이라는 것은 어느 정도 사실이다. 우리는 시험을 통과해야만 한다. 그러나 이 모든 것은 만일 우리가 과거에 그런 사람이 아니었다면 결코 배울 수 없었던, 우리에 대한 하나님의 사랑과 배려를 이끌어낸다. 에덴동산에 있던 아담은 무죄상태에 있었고, 하나님께 감사하며 즐거워했다. 그러나 우리는 그리스도를 소유하고 있다. 즉 하나님께서는 그리스도를 통해서 죄보다 더 큰 은혜로 자신을 온전히 계시하고 계신다. 창조물을 사랑하는 것이 하나님에게는 자연스러운 일이었지만, 우리가 죄인이었을 때 주권적 은혜 가운데서 하나님이 우리에게 그분의 사랑을 나타내신 것은 자연스러운 일 이상의 것이었다. 내가 생각하는 단순히 선한 것 이상의 것을 여기서 볼 수 있다. 단지 선한 것 정도가 아니라 절대적으로 거룩한 것이며, 악한 것을 상대하여 넉넉히 제압할 수 있는 완전히 거룩한 본성인 것이다. 이런 것은 그야말로 무한한 선함이며, 이런 선함은 우리를 하나님이 어떤 분이신가에 대해서 점진적으로 알아가는 지식의 세계 속으로 넣어주며, 그 세계는 그야말로 악이 전혀 없는 세계다.

이 계시는 다른 방식으로는 우리가 결코 하나님을 알 수 없었던 하나님을 우리에게 알게 해준다. 천사들은 그것을 들여다보는 것으로만 즐거워할 터이지만, 이것은 우리 자신에게 적용되는 것이며, 우리 마음의 정서에 적용되는 것이다. 이는 "천사들을 붙들어 주려 하심이 아니요 오직 아브라함의 자손을 붙들어 주려는"(히 2:16) 것이기 때문이다. 이제 나는 주 예수 그리스도께서 사람이 되신 이유를 깨닫게 되는데, 곧 죄가 결코 들어갈 수 없었던 곳이 아니라 죄가 자리를 잡고 있던 곳에 하나님의 거룩성을 나타내고, 또 인내와 사랑의 선함과 아버지를 온전히 계시하려는 것이었다. 그리스도는 "내가 이렇게 오래 너희와 함께 있으되 네가 나를 알지 못하느냐 나를 본 자는 아버지를 보았거늘 어찌하여 아버지를 보이라 하느냐?"고 말씀하셨다. 왜냐하면 "본래 하나님을 본 사람이 없으되 아버지 품 속에 있는 독생하신 하나님이 나타내셨기"(요 1:18) 때문이다. 혹시라도 우리가 이러한 계시의 가장 높은 단계를 취한다면, 우리는 우리에게 계시된 아들 자신을 기뻐하시는 아버지의 기쁨을 알고,

우리는 그리스도 안에서 그 속으로 들어가게 되며, 바로 그것이 우리 영혼을 충만하게 해줄 것이다. 그리스도께서는 우리가 죄인이었을 때 우리를 찾았던 그 사랑에 의해서 우리를 이 사랑 속에 넣어 주신다. 그렇다면 우리는 아버지와 아들과 더불어 누리는 사귐을 나누게 된다. 이 사귐은 우리가 들어간 자리에서 누리는 것이며, 우리는 그렇게 복을 받는 자리에 들어온 것이다.

나는 아버지의 기쁨의 대상이며 또한 아버지를 기쁘시게 하는 것을 자신의 기쁨으로 삼았던 한 사람을 (전체적으로는 하나님이시지만 그럼에도 여전히 사람이신 그리스도를) 본다. 그러했던 그리스도께서는 "아버지께서 나를 사랑하신 것 같이 나도 너희를 사랑하였으니"(요 15:9)라고 말씀하셨고, 또한 "내가 아버지의 이름을 그들에게 알게 하였고 또 알게 하리니 이는 나를 사랑하신 사랑이 그들 안에 있고 나도 그들 안에 있게 하려 함이니이다"(요 17:8)라고 말씀하셨다. 이런 것은 모두 나를 향한 주권적인 은혜이며, 참된 것이다. 구속역사의 완성은 우리를 (그리스도께서 우리의 생명이 되셨기 때문에) 이 모든 기쁨을 경험할 수 있는 자리에 넣어주었다. 그런즉 우리가 진토 가운데 있는 동안에도 우리는 완전한 기쁨을 누릴 수 있게 되었다. 하나님이 이렇게 자신을 계시하셨을 때, 하나님은 "이 사람은 나의 사랑하는 아들이니 너는 그를 사랑해야 한다"고 말씀하신 것이 아니라 "이는 내 사랑하는 아들이요 내 기뻐하는 자라" 즉 "나는 그를 사랑하노라"고 말씀하셨다. 하나님은 자신의 애정을 아들에게 드러내셨다. 우리가 주 예수의 죽음에 이르게 되면, "지금 인자가 영광을 받았고 하나님도 인자로 말미암아 영광을"(요 13:31) 받으신 것을 보게 될 것이다. 나는 죄가 없으신 분께서 죄의 자리에 들어가셨고, 아버지를 사랑하는 일에서 또 순종하는 일에서 완전하신 분께서 심지어 죄가 되신 것을 보았다. 이런 일이 역사 속에 과연 있었는지를 묻고 싶다. 이처럼 완전하신 분께서는 하나님에게서 버림받은 희생자였을 때에도 사랑에 있어서 완전하셨고, 순종에 있어서도 완전하셨다. 모든 것이 최고 수준으로 진행되는 시험을 당하셨으며, "아버지께서 주신 잔을 내가 마시지 아니하겠느냐?"(요 18:11)고 말씀하셨다. 이 모든 것을 볼 때, 하나님에게서 가르침을 받은 내 영혼은 그 안에서 경외심을 가지고 기뻐하며, 여전히 이처럼 경이로우신 분의 완전함을 바라보면서 우리 자신이 진토와 같은 존재임을 깨닫는다. 그럼에도 나는 내 모든 죄들이 깨끗하게 되었으며, 내 영혼은 평안을 얻었음에 감사한다. 이제 그리스도는 내 영혼의 가장 복된 대상이시며, 나는 다른 방법으로는 결코 알 수 없었던 감정을 갖게 되었다. 그리스도는 "내가 내 목숨을 버리는 것은 그것을 내가 다시 얻기 위함이니 이로 말미암아 아버지께서 나를 사랑하시느니라"(요 10:17)고 말씀하셨고, 그러므로 나는 그리스도를 사랑한다고 말할 수 있다. 나는 그리스도에 대한 아버지의 생각을 갖게 되었다. 이 말은 그저 그리스도께서 내가 지은 모든 죄들을 감당해주셨기에 나의 모든 죄들이 깨끗하게 되었다는 뜻이 아니라, 아버지에 의해서 그분께서 그리스도 안에서 작정하셨던 그분의 모든 생각과 방식이 그대로 계시됨으로써, 그리스도를 바라보던 내 영혼이 이 모든 완전함을 보게 되었을 뿐만 아니라 아버지를 향한 그리스도의 사랑과 순종의 완전함 때문에 그분의 애정이 충분하게 드러나게 되었음을 뜻한다. 아버지께서는 그리스도를 영광스러운 자신의 우편 자리에 앉히셨다. 나는 그 앞에 앉아서 그리스도를 바라보면서, 무한한 완전(infinite perfectness)을 본다. 아버지께서는 그리스도를 기뻐하지 않을 수도 없고, 사랑하지 않을 수도 없으셨다. 그리고 하나님에게서 가르침을 받은 나는 그분이 가장 사랑하시는 그 애정의 대상이시며, 그분의 가장 충만한 사랑의 대상이신 분 안에서 아버지와 사귐을 나눌 수 있게 되었다. 그리스도는 나의 모든 애정의 중심이 되셨다. 에베소서에서 말하는 것처럼, "이는 그리스도 예수 안에 있는 우리에게 베푸신 하나님의 자비 속에 나타난 그분의 은혜의 지극히 풍성함을 오는 여러 세대에 나타내려는" (엡 2:7, KJV 직역) 것이다. 심지어 천사들과 하늘에 있는 통치자들과 권세자들에게도 나타내려는 것이다.

그리스도 중심의 영성

우리 영혼이 들어가게 된 자리는 마음의 평안을 누리는 자리다. 다만 양심의 평안만이 아니라 성령을 통해서 주어지는 마음의 평안을 누리는 자리이며, 사실 양심의 평안은 이 자리와는 아무 상관이 없다. 만일 나의 애정이 아버지의 온전한 기쁨의 대상이신 분에게로 집중된다면, 나는 그 대상이신 분이 아버지의 무한한 기쁨의 대상이심을 알게 될 것이며, 이 사실이 마음의 평안을 준다. 주권적인 은혜로 말미암아 나 또한 그분 안에 나의 기쁨의 원천을 두게 되었다. 나의 애정은 미약하고 연약하다. 그렇지만 여전히 나의 애정이 이 대상을 중심으로 삼고 있다면, 나는 무한한 기쁨의 원천을 소유하게 되었음을 알게 될 것이다. 그분은 아버지의 영원한 기쁨이시다. 그분의 기쁨은 아버지의 뜻을 행하는 것이었으며, 자신을 보내신 이의 뜻을 행하며 그의 일을 온전히 이루는 것을 자신의 양식으로 삼으셨다(요 4:34). 나는 그리스도와 더불어 모든 것을 가지고 있다. 여기에 내 삶의 목적이 있다. 나는 그리스도와 더불어 아버지를 안다. 나는 그리스도의 아버지를 나의 아버지로, 그리스도의 하나님을 나의 하나님으로 모시고 있다. 나는 양자의 영을 받았으며, 이로써 나는 하나님을 아바 아버지라 부른다. 새로운 본성과 그리스도의 영을 따라서 새로운 감정과 정서가 흘러나온다. 우리의 감정과 정서가 앞으로 항상 영적일 것이라고 추측할 필요는 없다. 정서는 인간적인 요소들만 있는 것은 아니지만, 영적인 것에 집중할 수 있다. 즉 다른 것들에 집중되지 않도록 할 순 있다. 우리는 유한한 존재다. 반면 우리가 바라보는 대상은 무한한 존재다. 이 점을 이해한다면, 확신은 커질 수 있다.

우리는 이 새 본성과 성령의 능력을 받았으며, 곧 아버지께서는 그리스도께서 들어가신 동일한 자리와 자격을 부여받은 자리 속으로 나를 이끄셨다. "보라 아버지께서 어떠한 사랑을 우리에게 베푸사 하나님의 자녀라 일컬음을 받게 하셨는가, 우리가 그러하도다 그러므로 세상이 우리를 알지 못함은 그를 알지 못함이라 사랑하는 자들아 우리가 지금은 하나님의 자녀라 장래에 어떻게 될지는 아직 나타나지 아니하였으나 그가 나타나시면 우리가 그와 같을 줄을 아는 것은 그의 참 모습 그대로 볼 것이기 때문이라."(요일 3:1,2) "우리가 흙에 속한 자의 형상을 입은 것 같이 또한 하늘에 속한 이의 형상을 입으리라."(고전 15:49) 우리 영혼은 아버지와 그분의 아들 예수 그리스도와 더불어 누리는 사귐 속으로 깊이 들어갈 필요가 있다. 단순히 진리를 동의하는 것만으로는 이런 사귐을 누릴 수 없다. 왜냐하면 영적인 애정과 생각의 원천이 바로 성령님이시며 또한 성령님은 아버지와 아들의 본성과는 다른 것을 우리에게 주실 수 없기 때문이다. 성령님은 여기 아래에 계셔서 우리 안에서 일하시지만, 천상에 속한 것들을 가지고 내려오셔서 그러한 것들을 우리에게 전달하는 일을 하신다.

내가 죄인으로서 나의 필요를 간구하는 것은 사귐이 아니다. 죄인으로서 나는 무엇보다 십자가로 나아가야 하며, 깨끗함을 받고 의롭다 함을 받아야 한다. 먼저 십자가 앞에 서야 하며, 죄인으로서 나와야 한다. 비록 내 마음이 주 예수께 끌림을 받을지라도, 먼저 양심을 깨끗하게 해야 한다. 만일 내 양심이 움직이지 않았다면, 아무 일도 일어난 것이 아니다. 나의 사랑이 아니라 하나님의 거룩한 사랑이 나를 이끌어간다. 만일 내가 하나님의 임재 속으로 들어가게 되면, 하나님은 빛이시기에 나의 양심이 빛에 접촉될 것이다. 만일 내가 기쁨으로 즉시 복음을 받아들이게 되면, 그 순간에는 진정성이 있을지라도 뿌리는 없을 수 있다. 반면 사랑이 작용하는 곳에는 언제나 빛이 임하기 마련이다. 왜냐하면 하나님은 사랑이실 뿐만 아니라 빛이시기 때문이다. 그리고 그 사랑은 내가 죄인임을 알게 되었을 때 빛 속으로 들어갈 수 있는 자신감을 준다.

당신은 한 영혼이 하나님과 연결되었을 때 항상 이 두 가지를 발견하게 될 것이다. 이 두 가지를 발견하지 않고는 당신은 확신을 가질 수 없다. 죄인이었던 여자가 왜 바리새인의 집에 왔을까? 왜냐하면 그녀의 마음속에는 그리스도의 사랑이 있었기 때문이다. 이것은 모든 영혼에게 동일하다. 하나님은 빛이시며 또한 사랑이시다. 하나님은 실제적으로 우리에게 그리스도를 계시하셨고, 나는 확신을 가질 수 있었다. 죄에 대한 하나님의 의가 죄인에게 계시되었고 또 사랑이 계시되었다. 하나님이 빛 가운데 계신 것처럼 우리 또한 빛 가운데서 행할 수 있게 되었다. 이 길만이 우리가 하나님께로 갈 수 있는 유일한 길이다. 나는 그리스도의 십자가를 통하지 않고선 갈 수 없다. 이제 내가 십자가 앞에 오게 되면, 나는 하나님과 우리 사이를 가로막고 있었으나 이제는 찢어진 휘장을 통과하게 되며, 하나님 앞에서 나에게 남은 죄악이 하나도 없다는 사실을 발견하게 될 것이다. 나는 빛에 적합한 사람이 되었다는 믿음을 갖게 되고, 그 빛 가운데로 열린 하나님의 길을 기뻐하면서 그리로 들어가게 된다. 하나님께 나아가는 이런 길이 있음을 보고, 나는 십자가를 사랑하게 되었다. 그리고 이 십자가의 길을 통과함으로써 하나님과 화목을 이루게 되고, 비로소 하나님의 생각을 배우기 시작했다. 즉 하나님의 측면에서 십자가를 바라보기 시작하는 것이다. 내가 하나님 앞에 서서, 그곳에서 하나님이 어떤 분이신지를 바라보면서 그 경이롭고도 복된 모든 측면을 보게 되며, 거기서 나의 마음은 평안을 누리는 가운데서 하나님을 마음껏 사모하며 찬양할 수 있게 된다. 빛 가운데 들어온 자가 됨으로써 나는 아버지와 그분의 아들 예수 그리스도와 더불어 누리는 사귐을 나누게 되었다.

칭의와 사귐은 같은 것이 아니다

우선적으로 하나님께로부터 난 사람은 죄를 지을 수 없다는 점이 단순하고도 절대적으로 제시되고 있다. 그리스도께서 그의 생명이다. 죄는 생명을 만질 수 없다. "하나님께로부터 난 자는 스스로를 지키며, 악한 자는 그를 만지지도 못하느니라."(요일 5:18, 저자의 성경인

용을 그대로 옮겼음) 이 점이 우리에게 우리의 분깃, 우리의 자리를 제공한다. 만일 내가 혼합된 상태에 머문다면 나는 그 안에서 하나님이 주시는 만족을 누릴 수 없다. 생명은 만족스러움과 사귐 속에서 약동한다. 우리의 신적인 생명은 곧 신적인 사귐 자체이며, 신성한 만족스러움 안에서 누리는 사귐 속에 있다. 우리가 당연히 누려야할 신적인 생명은 아버지와 아들과 더불어 누리는 사귐이다. 이러한 사귐은 그저 "믿음으로 서 있는 이 은혜에 들어감을 얻는"(롬 5:2) 문제, 곧 하나님 앞에서 의롭다 함을 받고 은혜의 자리에 서있을 수 있는 존재가 되는 문제가 아니다. 많은 사람들이 이 주제를 하나님의 거룩함과 의로움의 요구를 충족하는, 칭의 문제로 접근하지만, 칭의와 사귐이 같은 것은 아니다. 만일 이것이 의롭게 되는 문제라면, 하나님은 법적인 문제로 해결하신다. 그렇다. 하나님 앞에 계신 그리스도께서 칭의와 관련된 모든 문제를 이미 해결하셨다. 그러나 지금 다루고 있는 주제는 우리가 마땅히 엄청난 기쁨으로 누려야 할 사귐의 문제이며, 아버지와 함께 계시다가 우리에게 나타나신 영생의 복된 삶의 완전한 계시를 통해서, 그 복된 영생의 삶을 누리는 문제다.

> "이 생명이 나타내신 바 된지라 이 영원한 생명을 우리가 보았고 증언하여 너희에게 전하노니 이는 아버지와 함께 계시다가 우리에게 나타내신 바 된 이시니라 우리가 보고 들은 바를 너희에게도 전함은 너희로 우리와 사귐이 있게 하려 함이니 우리의 사귐은 아버지와 그의 아들 예수 그리스도와 더불어 누림이라."(요일 1:2, 3)

우리는 아버지의 마음 속에 있는 모든 것을 우리로 하여금 가까이서 볼 수 있도록, 한 사람에게서 나타난 것을 볼 수 있다(1절). "말씀이 육신이 되어 우리 가운데 거하시매 우리가 그의 영광을 보니 아버지의 독생자의 영광이요 은혜와 진리가 충만하더라."(요 1:14) 그리스도는 계속해서 우리 앞에 계셨고, 우리는 그분을 바라볼 수 있다.

여기서 나는 이처럼 복된 대상을 내 앞에 모시게 되었다. 이는 이 영원한 생명이 나에게로 내려왔기 때문이며, 그 영원한 생명 안에서 아버지께서 완전히 계시되었고, 아버지 안에서 그 영생이 나의 생명이 된 사실이 계시되었기 때문이다. 이것은 말로 다 표현할 수 없는 경이로운 복이자 또한 참으로 복된 기쁨이다. 아버지를 완벽하게 계시하고 또 아버지를 대표하는 것이 나의 본성 속으로 내려온 것이다. 그러므로 사도 요한은 이렇게 주장한다. "생명의 말씀에 관하여는 우리가 들은 바요 눈으로 본 바요 자세히 보고 우리의 손으로 만진 바라."(요일 1:1) 그리고 나서 그가 처음으로 제시한 것이 바로 "우리가 이것을 씀은 너희의 기쁨이 충만하게 하려 함이라"(요일 1:4, KJV 직역)는 것이었다.

이제 다른 측면을 살펴보자. 바로 은혜가 이 모든 것들을 가지고 왔다는 점이다. 이것이 바로 태초부터 있었던 것이다. 이제 요한은 무엇을 드러내려는 것일까? 그는 하나의 메시지를 가지고 있었는데, 바로 "하나님은 빛이시라"는 것이다. 그 말인즉슨, 하나님은 절대적인 순결이시며 또한 모든 것을 드러내시는 분이시라는 뜻이다. 이런 것이 빛이 하는 일이다. 빛은 모든 것들을 드러내는 일을 한다. "하나님은 빛이시라 그에게는 어둠이 조금도 없으시다는 것이니라."(요일 1:5) 혼합된 것이 전혀 없다. "만일 우리가 하나님과 사귐이 있다 하고 어둠에 행하면 거짓말을 하고 진리를 행하지 아니함이거니와."(요일 1:6) 하나님의 본성은 순수 그 자체이기 때문에, 이러한 순수성은 하나님과의 교통에도 적용된다. 하나님이 빛이시라는 것은 그리스도께서 가져오신 메시지였다. 그렇기 때문에 우리는 이제 그 빛 가운데서 행할 수 있게 되었다. 즉 하나님을 온전히 아는 지식 속에서 행하는 것이다. 어둠은 하나님을 전혀 알지 못하는 상태를 가리킨다. 만일 내가 세상을 가진다해도, 빛이 어둠을 비추고 있지만 어둠은 그 사실을 전혀 알아채지 못한다. 즉 사람의 마음은 하나님의 마음과 정반대다. "너희가 전에는 어둠이더니 이제는 주 안에서 빛이라."(엡 5:8) 사도 요한은 "우리도 빛 가운데 행하면"(요일 1:7)이라고 말했다. 여기서 우리가 주목해야 할 것은, 빛을 따라 행하는 것이 아니라 "빛 가운데서(in the light) 행하는" 것이다. 물론 우리는 빛을 따라 행해야 하는 것은 맞지만, 빛 가운데서 행하는 것이야말로 이전에 주어진 것과는 전혀 다른 하나님의 완전한 계시다.

이제 또 다른 중요한 요소를 살펴보자. 즉 우리에게 새로이 주어진 것으로서 완전히 새로운 것에 대한 것이다. 이것은 "태초부터(from the beginning)" 있어온 것이었다. 반면에 요한복음은 "태초에(In the beginning)"

있었던 것을 말한다. 그러므로 요한일서의 것과 요한복음의 것은 같지 않다. 왜냐하면 말씀은 창조 이전부터 있었기 때문이다. 태초에 하나님이 세상을 창조하셨지만, 이 창조의 역사 이전에 그리스도께서 계셨고, 그리스도는 시작이 없으신 분이셨다. 아무 것도 창조되지 않았을 때에도, 그리스도는 존재하셨다. 바로 여기서 요한복음은 시작하고 있다. 그러나 여기서 우리는 새로운 지위에서(in a new standing), 즉 은혜 속에서 사람이 하나님과 연합하는 문제를 볼 수 있다. 이런 것이 "태초부터" 있었던 것이다. 옛 사람은 제거되었다. 이것은 우리 모두를 위한 새로운 출발점이다. 하나님의 아들이시며 또한 여전히 사람이신 그리스도는 십자가의 죽음과 부활을 통해서 새로운 피조물의 세계에서 장자(the First-born)가 되셨으며, 하나님의 기쁨과 하나님의 경륜의 새로운 시작이 되셨다. 다른 사람들은 은혜에 의해서 이 자리에 들어오게 될 것이다. 그러므로 십자가가 들어오게 되었고 또 십자가는 잃어버린 죄인으로서 인간의 역사를 끝낸다. 이로써 새로운 경륜으로서 하나님의 임재 속으로 열납되는 사람의 역사(the history of the accepted man)가 시작되었다. "너희는 처음부터 들은 것을 너희 안에 거하게 하라."(요일 2:24) 제자들이 처음부터 들었던 것은 바로 그리스도를 가리킨다. 율법과 선지자들이 그리스도 앞에 있었지만, 모두 믿음을 위해서 완전히 제쳐졌다. 그리고 이제 그리스도께서 그 모든 것의 자리를 차지하고 계시다는 것이 바로 내가 처음부터 들은 것이었다. "여호와께서 그 조화의 시작 곧 태초에 일하시기 전에 나를 가지셨으며 만세 전부터, 태초부터, 땅이 생기기 전부터 내가 세움을 받았나니…내가 그 곁에 있어서 창조자가 되어 날마다 그의 기뻐하신 바가 되었으며 항상 그 앞에서 즐거워하였느니라."(잠 8:23,30) 그러므로 천사들은 "지극히 높은 곳에서는 하나님께 영광이요 땅에서는 하나님이 기뻐하신 사람들 중에 평화로다"(눅 2:14)라고 말했다.

    이러한 하나님과의 사귐을 자세히 살펴볼 때, 하나님은 빛이시다. 그러므로 여기엔 성장이 있고, 만일 육체가 활동하는 것이 있다면 이 사실이 빛으로 드러나게 될 것이다. 나와 사귐을 나누시는 분은 빛이신 하나님이시다. 빛은 나의 양심이 옳은지를 탐색하는 작용을 한다. 나의 양심이 빛 가운데로 나오지 않으면, 나는 사귐을 나눌 수 없다. 하나님은 이 사실을 본성과 본성에 따라 행동하는 모든 일에 드러내는 일을 하신다. 하나님이 빛 가운데 계신 것 같이 우리도 빛 가운데서 행해야 한다. 우리가 아담에 속해 있었을 때에는, (물론 아담은 땅에 속한 자로서, 땅에 속한 복을 받았고, 행복했고, 평안을 누렸지만) 결코 이런 사귐을 가질 수는 없었다. 하지만 나는 여기서 하늘에 속한 사귐을 가지고 있다. 그리스도는 빛 가운데 거하시는 하나님에 대한 계시다. 만일 내가 신성한 본성에 참여한 자가 되었다면, 그것은 마지막 아담 안에서 된 일이다. "그 안에 생명이 있었으니 이 생명은 사람들의 빛이라 빛이 어둠에 비치되 어둠이 깨닫지 못하더라." (요 1:4,5) 어둠은 빛을 깨닫지 못하지만, 우리가 빛과 동일한 본성에 속한 사람이 되면 이 빛을 깨달을 수 있다.

"우리도 빛 가운데 행하면."(요일 1:7)

이것은 율법을 지키는 문제가 아니라는 사실에 주목할 필요가 있다. 율법을 빛이라고 부르지 말라. 율법을 보면, 나는 사람이 무엇을 해야 하는지에 대한 기준을 볼 수 있다. 그러므로 하나님은 "나는 캄캄한데 거하겠노라"(왕상 8:12)고 말씀하셨다. 그리스도께서 우리를 위하여 율법을 충족시키셨다. 그러므로 내가 새로운 본성, 즉 하늘에서 내려오는 이 빛을 얻게 되면, 사람은 무엇을 해야 하는지를 충족하는 것이 아니라, 하나님이 거하시는 빛 가운데 거하는데 적합한 사람이 된다. 당신은 아담과 같은 무죄상태로 돌아갈 수 없다. 여기서 나는 길을 잃은 죄인이었지만, 이제 나는 세상의 빛이신 그리스도 안에서 계시된 하나님을 찾았다. 이 일은 나로 하여금 찢어진 휘장을 통과해서 들어가게 해주었고, 나를 영광 가운데 거하시는 하나님의 임재에 적합하게 해주었다.

이 주제는 요한복음 13장에 있다. 바로 앞에 있는 장에서 그리스도는 "인자가 영광을 얻을 때가 왔도다"(요 12:23)고 말씀하셨다. 이 몇 개의 장에서 그리스도는 자신을 인자로서 가지고 있는 세 번째 특징을 소개하신 것이다. 그리스인 몇 사람이 와서 예수님을 뵙기를 청하였을 때, 예수님께서는 "한 알의 밀이 땅에 떨어져 죽지 아니하면 한 알 그대로 있고 죽으면 많은 열매를 맺느니라"(요 12:24)고 말씀하셨다. 그리고 이어서 13장에서 "저녁 잡수시던 자리에서 일어나 겉옷을 벗고 수건을 가져다가 허리에 두르셨다."(요 13:4) 이것은 무슨 뜻이었는가? "내가 너를 씻어 주지 아니하면 네가 나와 상관이 없느니라"(8절)고 말씀하셨다. 즉 "나는 너의 동류로서 너와 함께 앉을 수 없다. 나는 너희를 위한 계획을 계속 진행할 수 없다. 나는 아버지께로 갈 것이다. 나는 네가 거기에 있을 수 있도록, 거기에 적합한 사람이 되도록 해야 한다. 너희는 세상을 통과할 것이고, 세상 더러움이 묻게 될 것이다. 그렇다면 나는 그 상태로 너희를 받을 수 없다"고 말씀하신 것이다. 그리스도께서는 여기서, 이제 사람으로서 책임의 자리에 있는 인간의 상태로 돌아가는 것이 아니라, 하나님이 빛 가운데 계신 것처럼 빛 가운데서 걸어가야 하는 새로운 경륜을 보여주고자 하셨다. 만일 내가 거기에 적합하지 않다면, 나는 전혀 하나님과 함께 할 수 없다. 여기에 여러 가지 어려움들이 개입할 수 있다. 이것은 내가 하나님께 응답할 수 있는 문제인가? 그렇지 않다. 내가 노력하고 애씀으로써 자격을 갖출 수 있는 문제가 아닐뿐더러, 내가 결코 할 수 없는 일이다. 하지만 (하나님께 나아가는 길을 막고 있던) 휘장이 지금은 찢어진 상태다. 문제는 육신의 힘으로는 들어갈 수 없었던 곳, 하나님과 함께 빛 가운데 있을 수 있는 그곳에 당신으로 하여금 들어갈 수 있게 해줄 수 있는 바로 그러한 새로운 상태와 지위를 당신이 얻었는가 하는 것이다. 우리는 그리스도의 죽음과 부활에 연합하는 믿음을 통해서만 그 자리에 들어갈 수 있다. 그리스도께서 우리를 넣어주시는 자리가 그런 곳이다.

> "그가 빛 가운데 계신 것 같이 우리도 빛 가운데 행하면 우리가 서로 사귐이 있다."(요일 1:7)

여기에 이기심은 없다. 내가 하나님의 사랑을 누리고 있다고 생각해보자. 당신은 여기에 다른 사람을 데리고 오는 일을 소홀히 할 수 있을까? 그렇지 않다. 당신은 빛을 즐거워할 것이며, 다른 사람들에게 빛을 빼앗긴다는 생각은 조금도 하지 않을 것이다. 인간적인 것들의 경우에, 만일 내가 빵 한 덩어리를 가지고 있는데, 다른 사람이 그것을 나누어달라고 한다면 나의 몫은 빵의 절반밖에 남지 않게 될 것이다. 하지만 신적인 것들의 경우에 우리가 서로 사귐을 나누면, 거기엔 그 어떤 감소도 없으며 오히려 더욱 넘치는 것을 경험하게 될 것이다.

이제 세 번째 요소를 살펴보자. 나는 여기 이 땅에서 하나님이 빛 가운데 계신 것처럼 빛 가운데 있으며, 참으로 복된 사귐을 누리고 있을 뿐만 아니라 "그 아들 예수의 피가 우리를 모든 죄에서 깨끗하게"(요일 1:7) 하는 것을 경험하고 있다. 이 구절은 과거 완료시제 "깨끗하게 했다"거나 아니면 미래 시제 "깨끗하게 할 것이다"가 아니라 현재 시제 "깨끗하게 하다"를 사용하고 있다. 예를 들어, "그 약이 학질을 깨끗하게 치료해준다"고 말할 때처럼, 본질적인 것을 말하고 있는 것이다. 하나님이 빛 가운데 계시기 때문에, 나는 빛 가운데 계신 하나님과 대면해야 한다. 빛이 십자가에서 나왔으며, 나는 눈과 같이 희어졌다(사 1:18)는 복된 지식을 가지고 있다. 빛에서 나온 것이 나를 빛에 적합하게 만들었다. 그러므로 나의 상태와 연관해서 세 가지 중요한 요소가 있다. 즉 하나님이 빛이시듯이 나 또한 빛 가운데 있으며, 성령을 통해서 하나님과의 사귐을 누릴 수 있고, 그리고 예수의 피가 모든 죄에서 깨끗하게 해준다는 것이다.

"만일 우리가 죄가 없다고 말하면 스스로 속이고 또 진리가 우리 속에 있지 아니할 것이요."(요일 1:8)

육신이 거기에 없다고 나는 말할 순 없지만, 육신 속에 죄가 존재한다고 해서 그 자체로 나쁜 양심을 갖게 하진 않는다. 만일 죄와 육신이 활동하도록 내버려 두면 내 양심은 나빠질 것이다. 우리의 옛 본성 속엔 옛 사람이 항상 있다. 그리스도의 십자가에서 나는 이 육신의 문제가 해결되었음을 볼 수 있다. 즉 우리 옛 사람은 그리스도와 함께 십자가에 못 박혔다. 따라서 나는 옛 사람을 죽은 것으로 여겨야 한다. 그렇지만 옛 사람은 여전히 육신과 함께 있다.

죄들과 죄의 차이점을 알자

이제 다음 단계로 넘어가자. 여전히 육신은 활동하고 있다. 그렇기 때문에 우리는 우리가 지은 죄들(our sins)을 자백할 필요가 있다. "만일 우리가 우리 죄들(our sins, 복수형 sins는 우리가 지은 죄들을 가리킨다)을 자백하면 그는 미쁘시고 의로우사 우리 죄를 사하시며 우리를 모든 불의에서 깨끗하게 하실 것이요."(요일 1:9) 이것은 "우리 죄(our sin, 단수형 sin은 우리 속에 자리

잡고 있는 죄성을 가리킨다)"를 자백하는 문제가 아니다. 나는 죄성을 고백할 필요가 없다. 사람들은 자신들이 지은 죄들(sins)이 아니라 그들의 죄성(sin)을 고백하고자 한다. 이는 우리 마음이 자신의 육신 속에 있는 죄성이 활동하도록 허용하는 일을 감행하고서, 실제적으로 저지르게 된 죄들에 대해선 변명할 만큼 기만적이기 때문이다. 나는 육신이 여전히 내 속에서 활동하고 있다는 사실을 기꺼이 인정한다. 그런데 왜 당신은 그리스도의 능력을 힘입어 육신을 억제함으로써, 육신으로 하여금 활동하지 못하게 하지 않는 것인가? 그러므로 이것이 우리가 우리의 죄들을 자백해야 하는 문제다. 우리는 육신과 더불어 살아가야 한다. 사도 요한이 8절에서 "만일 우리가 죄성이 없다고 말하면"이라고 했을 때, 이것은 현재 시제다. 나는 결코 내 속에 죄성이 없다(I have no sin)고 말할 수 없다. 반면 죄들(sins)을 언급할 때에는 "만일 우리가 범죄하지 아니하였다(we have not sinned) 하면"(10절)이라고 했다. 나는 죄를 짓지 말아야 한다. 나는 그리스도의 복됨을 생각해야 한다. 그렇게 하면, 나는 죄를 짓지 않을 것이다. 내 마음은 그리스도께 사로잡혀 있어야 한다. 하지만 내가 죄를 짓지 않았다고 말한다면, 나는 하나님을 거짓말쟁이로 만들게 될 것이다. 왜냐하면 모든 사람이 죄를 지었고, 그래서 하나님의 영광에 이르지 못했기 때문이다. 여기서 우리는 죄들(sins)과 죄성(sin)의 차이점을 볼 수 있어야 한다.

사람들이 죄(sin)와 죄들(sins)의 차이를 보지 못하고 있다는 사실이 참으로 놀랍다. 베드로는 죄를 짓는 것을 말하면서, 곧 정욕이 발동하게 되면 육신이 활동하면서 죄를 짓는다고 말하고 있다. 하지만 바울과 요한에게 오게 되면, 그들은 육신의 본성과 육신 속에 거하는 죄성(sin in the flesh)을 이야기한다. 그래서 사도 요한은 죄들과 죄를 구분하면서 이렇게 말했다. "만일 우리가 죄

(sin)가 없다고 말하면 스스로 속이고 또 진리가 우리 속에 있지 아니할 것이요 만일 우리가 우리 죄들(sins)을 자백하면 그는 미쁘시고 의로우사 우리 죄들(sins)을 사하시며 우리를 모든 불의에서 깨끗하게 하실 것이요."
(요일 1:8,9, KJV 직역)

히브리서를 살펴보면, 히브리서를 쓴 주요 목적이 하나님과의 사귐이나 교통의 문제가 아니란 사실을 알 수 있다. 이 주제는 요한일서에 있다. 요한일서는 아버지와 아들과 더불어 누리는 사귐에 대해서, 최고의 수준으로 표현하고 있는 성경이다. 반면 히브리서에서 나는 지성소로 들어간다. 즉 히브리서는 거룩하시고 의로우시며 또한 하나님이 사랑이시라고 해서 자신의 거룩성과 의로움을 포기하지 않으시는 하나님께 내가 가까이 나아갈 수 있느냐 하는 주제를 다루고 있다. 그러므로 히브리서에서 나는 영원히 온전하게 되었다(I am perfected for ever)는 사실을 발견한다(히 10:14). (여기서 "영원히 (for ever)"라는 단어는 단지 영원을 의미하는 것이 아니라, 그리스도의 사역을 통해서 확보된 하나님께 가까이 나아갈 수 있는 자격이 결코 중단되지 않는다는 뜻을 가지고 있다). 그리스도께서 항상 하나님의 우편에 계시는 것처럼, 우리 또한 하나님 앞에 설 수 있는 자격을 결코 잃지 않으며 중단 없이 그 앞에 서있을 수 있게 된 것이다. 신자는 그리스도 안에서, 신분상 하나님의 의(義)가 아닌 순간은 단 한 순간도 없다. 그러므로 히브리서에서 말하는 제사장 직분은 죄들(sins)의 문제에 적용되는 것이 아니다. 이 주제는 바로 요한일서에서 적용되고 있다. 반면 히브리서에서 나는 영원히 온전하게 되었으며, 나의 의이시며 또한 나를 영원히 온전하게 해주신 그리스도께서 하나님의 우편 자리에 앉아 계신다. 하지만 나는 여기 이 세상을 통과하고 있으며, 이 세상을 통과하는 동안 때를 돕는 은혜와 자비 없이는 한 발자국도 나아갈 수 없다. 나에겐 고난과 시련이 있고, 어려울 때 하나님의 보좌로 나아가서 도움을 받는다. 히브리서의 주제는 단지 죄인으로서 내가 하나님의 임재 앞으로 나갈 수 있느냐 하는 것에 대한 것이다. 그렇다. 휘장이 찢어졌고, 또한 나의 모든 죄들을 정결하게 해주신 분께서 하나님의 보좌 우편에 앉아 계신다. 그리스도는 내가 온전하게 된 일에 대한 나의 증인이시다. "그가 거룩하게 된 자들을 한 번의 제사로 영원히 온전하게 하셨느니라."(히 10:14) 이러한 완전함은 결코 변하지 않는다. 왜냐하면 그리스도께서 나를 위해 거기에 앉아 계시기 때문이다. "그 후에 자기 원수들을 자기 발등상이 되게 하실 때까지 기다리신다."(히 10:13) 그리스도께서는 더 이상 해야 할 일이 없기 때문에 거기에 앉아 계신다. 히브리서에는 두 가지 요점이 있다. 즉 친히 "죄를 정결하게 하는 일을 하시고 높은 곳에 계신 지극히 크신 이의 우편에 앉으셨다."(히 1:3) 그리고 그 한 번의 제사로 나를 "영원히 온전하게 하셨다."(히 10:14) 그렇지만 나는 세상을 통과하면서 시험을 받는다. 그리스도는 이 세상을 통과하는 동안 죄인들이 겪는 어려움과 모순을 넉넉히 극복하는데 필요한 도움을 주고자 항상 은혜를 베푸신다. 하나님 앞에서 내가 온전하게 되었다는 문제와는 별개로, 거룩한 삶을 살려면 때를 따라 돕는 은혜가 날마다 필요하다. 하늘에 계신 그리스도는 이러한 우리의 필요를 충족시켜주고자 끊임없이 은혜를 공급해주시기 때문에, 우리는 담대히 은혜의 보좌 앞으로 나아가야 한다.

하나님과의 사귐을 방해하는 것들

이제 여기서 내가 어떻게 빛이신 하나님과 더불어 사귐을 가질 수 있느냐 하는 문제가 제기된다. 빛 가운데 있는데, 만일 내가 영적인 것도 아니고 자비로운 것도 아닌 생각을 잠시라도 품는다면, 그것은 죄다. 내가 사귐이

나 교통 속으로 들어서는 순간, 만일 사사로운 생각이 일어나도록 허용하게 되면, 사귐이나 교통은 사라지게 된다. 정말 작은 것일지라도 교통을 방해할 수 있다. 심지어 나 자신을 생각하는 것만으로도 그 순간 교통은 사라진다. 거룩하신 하나님은 거룩하지 않은 것과는 교통을 나누실 수 없다. 이제 나는 그리스도께서 대언자라는 의미를 이해하게 된다. "만일 누가 죄를 범하여도 아버지 앞에서 우리에게 대언자가 있으니 곧 의로우신 예수 그리스도시라 그는 우리 죄들을 위한 화목 제물이시라." (요일 2:1,2) 이에 대한 근거는 무엇인가? 바로 의로우신 예수 그리스도시다. 의로우신 분께서 거기에 계시기 때문에, 나의 의(義)도 항상 (히브리서에서 말하는 것처럼) 거기에 있다. 따라서 요한일서는 의의 전가나 칭의(稱義)의 문제를 다루는 것이 아니라 교통의 문제를 다룬다. 그러므로 나는 하나님의 영을 근심시켜 드림으로써, 아버지와의 사귐을 가능케 하는 일을 하시고 또 하나님의 기쁨을 나에게 전달하는 일을 하시는 성령님을 책망하는 일을 하는 분으로 변하게 해야 한다는 생각을 견딜 수 없다. 이 모든 일이 다 정리되는 순간, 의로우신 예수 그리스도께서 거기에 계시며, 그분은 내가 지은 죄들에 대한 화목 제물이기 때문에 그 자리에 일치하지 않는 생각은 한 가지라도 해선 안된다. 그렇다면 무엇이 나로 하여금 그런 생각을 분별하게 해주는 것일까? 나의 대언자께서 항상 그 자리에 계셔서 나의 영혼을 아버지와 그의 아들 예수 그리스도와 더불어 누리는 사귐 속으로 다시 데리고 오는 일을 하시기 때문이다. 그 때까지 사귐은 전적으로 방해를 받을 수밖에 없다. 그럴지라도 우리가 의롭게 된 사실은 변함이 없다. 그러므로 사도 요한은 "아버지 앞에서 우리에게 대언자가 있으니"라고 말했던 것이다. 사실 그는 하나님에 대해서는 말하지 않았다. 왜냐하면 이것은 아버지와의 교통의 문제이지, 칭의에 대한 문제가 아니기 때문이다.

그러므로 나는 율법이 아니라, 여전히 나를 위해 역사하고 작용하는 은혜를 가지고 있다. 이것은 의의 전가의 문제가 아니라 성화의 문제로서 죄를 허용하는 일을 용납해선 안되는 문제다. 이것은 나를 율법이나 율법의 의로 되돌아가게 하는 것이 아니라, 대언자이신 그리스도께서 사귐 속에서 나를 변호해 주고, 내 안에 거하시는 하나님의 영께서 나의 양심을 정결하게 해주시고 그에 따라 행동하게 해주시며, 이로써 나를 하나님 앞에서 완전한 겸손에 넣어줄 뿐만 아니라 내 영혼과의 교통을 회복시켜 주신다. 이 때문에 어떤 경우엔 징계가 또 어떤 경우엔 다른 것이 온다. 교통을 방해할 수 있는 그 어떤 사소한 행위나, 지극히 작은 죄도 허용해선 안된다. 교통은 실제적이고 실천적인 경건을 통해서 유지되기 때문이다. 혹 아버지와 그의 아들 예수 그리스도와 더불어 누리는 사귐이 깨어졌다면 회복되어야 한다. 이를 위해 대언자이신 그리스도의 변호와 중보가 작동된다.

하나님이 빛 가운데 계시듯, 우리 또한 빛 가운데서 행해야 한다. 하나님께서 허용하지 않으시는 일은 용납해선 안된다. 그리스도는 우리 죄를 위한 화목 제물이기에, 만일 우리가 죄를 지을지라도 은혜가 예비되어 있다. 칭의(稱義)에 관해선 모든 것이 해결되었고, 영원히 온전하게 되었다. 그러나 우리는 우리를 부르셔서 하나님의 나라와 영광에 이르게 하시는 하나님께 합당하게 행해야 하며(살전 2:12), 우리가 부르심을 받은 그 부르심에 합당하게 행하여 모든 일에 주님을 기쁘시게 해드려야 한다(엡 4:1). 자, 이제 묻겠다. 우리가 부르심을 받은 것은 지금까지 말해온 그런 종류의 사귐으로 부르심을 받은 것이라고 당신은 믿고 있는가? 우리 마음속에서 그런 사귐이 이루어지고 있는가? 내가 확신하는 바는, 바로 아버지와 아들과 함께 하는 이러한 사귐 속에서만 영적 성장이 있다는 것이다. 진정 우리의 영혼이 살아가는 터전이 이러한 사귐인 것인가? 아버지와 아들과 더불어 누리는 사귐이 우리가 부르심을 받은 곳이다. 우리에게 죄가 없다(we have no sin)는 말이 아니다. 죄(sin)는 여전히 거기에 있다. 그러나 우리 속에 거하는 그리스도의 능력에 의해서 우리는 이 사귐 속으로 들어간다. 성화의 힘과 능력이 거기에 있기 때문에, 교통을 방해하는 그 어떤 것을 허용한 일은 변명의 여지가 없다.

기도와 경건의 습관을 무시하지 말라

기도 또는 경건의 습관 같은 것에 부주의할 때 우리는 사귐을 방해하는 그런 일을 하게 될 것이다. 거기에 대해선 변명의 여지가 있을 수 없다. 우리의 자리는 항상 아버지와 아들과 함께 하는 사귐 속에서 행하는 것이어야 한다. 만일 이 일에 실패한다 해도 우리에게는 아버지 앞에서 대언자가 있으니 곧 의로우신 예수 그리스도시다. 가련한 베드로처럼 넘어져도, 주님은 우리를 다시 회복시켜 주신다. 당신은 그리스도의 사역이 하나님이 빛 가운데 계신 것처럼 당신을 빛 가운데로 넣어주시는 것과 우리를 영원히 온전케 해주는 것은 없다고 생각하는가? 당신이 바른 행실을 하도록 돕는 은혜가 있다. 나의 연약함을 핑계 대는 말을 하는 것이 아니다. 만일 우리가 항상 우리 자신의 연약함을 고백할 수 있다면, 우리는 우리가 원하는 힘을 얻게 될 것이다.

주님은 우리가 그리스도 안에서 계시된 대로 하나님과 화목되었고, 그리스도께서 사랑을 받으시는 것처럼 사랑받으며, 이러한 진실을 의식한 채 행하도록 부르심을 받은 자들이란 복된 의식을 갖도록 하신다. 그럴 때 우리는 그리스도를 지속적으로 의지하게 되고, 끊임없이 공급되는 은혜를 바라보며, 때를 따라 돕는 은혜를 경험할 때 우리는 우리 자신이 의지하는 분에 대해서 끊임없는 증언을 하게 될 것이다.

그렇다고 해서 내가 완전한 사람이 되었다거나 그것만이 우리가 필요로 하는 전부라고 말하는 것은 아니다. 당신은 세상을 살아가는 동안 다양한 시험을 통과하게 될 것이다. 이스라엘이 구속을 받았을 때, 그들은 광야를 통과해야만 했고, 거기엔 많은 "만일 ~~하면"이 개입하게 되었다. 만일 내가 그리스도 안에 있는 사람이라면, "만일(if)"은 나에겐 아무 의미가 없다. 왜냐하면 나는 계속해서 그리스도를 의지하면서 광야를 통과할 것이기 때문이다. 나는 그리스도의 능력으로 강건하게 되는 비결을 알고 있다. 게다가 우리는 하나님의 능력으로 보호하심을 받고 있으며, 또한 보호를 바라기 때문에 보호를 받게 될 것이다. 나는 매순간마다 이 능력을 필요로 한다. 모든 필요를 충족시키고자 예비된 능력이 있다.

그리스도 안에서 성공적인 삶을 사는 원리

나는 이 능력을 알고 있으며, 이 능력을 경험하려면 하나님을 절대적으로 의존하는 믿음이 있어야 한다. 하나님은 나에게 더 이상 의롭게 되는 칭의 문제를 제기하지 않으신다. 다만 나를 그리스도의 자리에 넣으시고, 세상을 통과하면서 선과 악을 분별하는 가운데 영적인 감각을 사용하게 하신다. 만일 내가 이 일에 실패한다 해도 내 영혼을 회복시키기 위해 아버지 앞에 나의 대언자가 계신다. 중단 없는 은혜의 공급을 누리고 또 끊임없이 그리스도를 신뢰하고 의존하는 것이 그리스도 안에서 성공적인 삶을 사는 원리다.

주님께서 우리에게 그리스도의 사역이 우리를 영원히 온전하게 했으며 또한 그것에 의해서 당신이 빛 가운데 계시는 하나님의 임재 속으로 들어왔다는 뚜렷하고 완전한 감각을 주시길 바란다. 뿐만 아니라 그리스도의 은혜를 항상 의존하게 해주시고 또한 의지하는 자에게 끊임없이 은혜를 부어주시는 영적인 실상을 풍성하게 경험하게 해주시길 빈다. 아멘.

형제들의 집 도서 안내

1. 조지 뮐러 영성의 비밀
조지 뮐러 지음/이종수 옮김/값 1,000원
2. 수백만을 감동시킨 사람을 감동시킨 바로 그 사람: 헨리 무어하우스
존 A. 비올리 지음/이종수 옮김/값 1,000원
3. 내 영혼의 만족의 노래
W.T.P 월스톤 지음/이종수 옮김/값 1,000원
4. 모든 일을 하나님의 영광을 위하여 하라
해리 아이언사이드 지음/이종수 옮김/값 1,000원
5. 잃어버린 영혼을 위해서 어떻게 기도해야 하는가
오스왈드 샌더스, 찰스 스펄전 지음/이종수 옮김/값 1,000원
6. 윌리암 켈리의 칭의의 은혜(개정판)
윌리암 켈리 지음/이종수 옮김/값 6,000원
7. 이것이 거듭남이다(개정판)
알프레드 깁스 지음/이종수 옮김/값 9,000원
8. 존 넬슨 다비의 영성있는 복음
존 넬슨 다비 지음/이종수 옮김/값 5,000원
9. 로버트 클리버 채프만의 사랑의 영성(개정판)
로버트 C. 채프만 지음/이종수 옮김/값 7,000원
10. 영성을 깊게 하는 레위기 묵상
C.H. 매킨토시 외 지음/이종수 옮김/값 5,000원
11. 존 넬슨 다비의 성경주석: 빌립보서
존 넬슨 다비 지음/이종수 옮김/값 5,000원
12. 존 넬슨 다비의 히브리서 묵상(개정판)
존 넬슨 다비 지음/정병은 옮김/값 11,000원
13. 조지 커팅의 영적 자유
조지 커팅 지음/이종수 옮김/값 4,000원
14. 윌리암 켈리의 해방의 체험(개정판)
윌리암 켈리 지음/이종수 옮김/값 4,500원
15. 존 넬슨 다비의 성경주석: 골로새서(개정판)
존 넬슨 다비 지음/이종수 옮김/값 8,000원
16. 구원 얻는 기도
이종수 지음/값 5,000원
17. 영혼의 성화
프랭크 빈포드 호올 지음/이종수 옮김/값 1,000원
18. 당신은 진짜 거듭났는가?
아더 핑크 지음/박선희 옮김/값 4,500원
19. C.H. 매킨토시의 완전한 구원(개정판)
C.H. 매킨토시 지음/이종수 옮김/값 5,500원
20. 존 넬슨 다비의 하나님의 뜻을 분별하는 법
존 넬슨 다비 지음/이종수 옮김/값 1,000원
21. 존 넬슨 다비의 성경주석: 요한계시록
존 넬슨 다비 지음/이종수 옮김/값 10,000원

22. 주 안에 거하라

                해밀턴 스미스, 허드슨 테일러 지음/이종수 옮김/ 값 1,000원

23. C.H. 매킨토시의 하나님의 선물

                C.H. 매킨토시 지음/이종수 옮김/값 4,000원

24. 존 넬슨 다비의 성경주석: 에베소서

                존 넬슨 다비 지음/이종수 옮김/값 8,000원

25. 존 넬슨 다비의 영적 해방

                존 넬슨 다비 지음/문영권 옮김/값 7,000원

26. 건강하고 행복한 그리스도인이 되는 법

                어거스트 반 린, J. 드와이트 펜테코스트지음/ 값 1,000원

27. 존 넬슨 다비의 성경주석: 로마서

                존 넬슨 다비 지음/문영권 옮김/값 12,000원

28. 존 넬슨 다비의 성화의 길

                존 넬슨 다비 지음/이종수 옮김/값 4,500원

29. 기독교 신앙에 회의적인 사랑하는 나의 친구에게

                로버트 A. 래이드로 지음/박선희 옮김/값 5,000원

30. 이수원 선교사 이야기

                더글라스 나이스웬더 지음/이종수 옮김/값 5,000원

31. 체험을 위한 성령의 내주, 그리고 충만

                조지 커팅 지음/이종수 옮김/값 4,500원

32. 존 넬슨 다비의 성경주석: 갈라디아서

                존 넬슨 다비 지음/이종수 옮김/값 4,800원

33. 존 넬슨 다비의 성경주석: 요한서신서 · 유다서

                존 넬슨 다비 지음/문영권 옮김/값 8,000원

34. 존 넬슨 다비의 성경주석: 데살로니가전 · 후서

                존 넬슨 다비 지음/이종수 옮김/값 8,000원

35. 그리스도와의 연합과 구원(성경공부교재)

                문영권 지음/값 2,500원

36. 그리스도와의 연합과 성화(성경공부교재)

                문영권 지음/값 3,000원

37. 사도라 불린 영적 거장들

                이종수 지음/값 7,000원

38. 당신은 진짜 하나님을 신뢰하는가(개정판)

                조지 뮬러 지음/ 이종수 옮김/ 값 5,500원

39. 그리스도와 연합된 천상적 교회가 가진 영광스러운 교회의 소망

                존 넬슨 다비 지음/ 문영권 옮김/ 값 13,000원

40. 가나안 영적 전쟁과 하나님의 전신갑주

                존 넬슨 다비 지음/ 이종수 옮김/ 값 2,000원

41. 죄 사함, 칭의 그리고 성화의 진리

                고든 헨리 해이호우 지음/ 이종수 옮김/ 값 2,000원

42. 하나님을 찾는 지성인, 이것이 궁금하다!

                김종만 지음/ 값 10,000원

43. 이것이 그리스도의 심판대이다
　　　　　　　　　　　　　　　　　　　　　　이종수 엮음/ 값 8,000원
44. 존 넬슨 다비의 성경주석: 마태복음
　　　　　　　　　　　　　　　존 넬슨 다비 지음/이종수 옮김/값 16,000원
45. C.H. 매킨토시의 하나님에 관한 진실
　　　　　　　　　　　　　　　C.H. 매킨토시 지음/이종수 옮김/ 값 1,000원
46. 존 넬슨 다비의 성경주석: 여호수아
　　　　　　　　　　　　　　　존 넬슨 다비 지음/문영권 옮김/값 8,000원
47. 찰스 스탠리의 당신의 남편은 누구인가
　　　　　　　　　　　　　　　　찰스 스탠리 지음/이종수 옮김/값 4,000원
48. 존 넬슨 다비의 성령론
　　　　　　　　　　　　　　　존 넬슨 다비 지음/이종수 옮김/값 13,000원
49. 존 넬슨 다비의 영적 해방의 실제
　　　　　　　　　　　　　　　존 넬슨 다비 지음/이종수 옮김/값 5,000원
50. 존 넬슨 다비의 주요사상연구: 다비와 친구되기
　　　　　　　　　　　　　　　　　　　　　　문영권 지음/값 5,000원
51. 존 넬슨 다비의 죽음 이후 영혼의 상태
　　　　　　　　　　　　　　　존 넬슨 다비 지음/이종수 옮김/값 5,000원
52. 신학자 존 넬슨 다비 평전
　　　　　　　　　　　　　　　　　　　　　　이종수 지음/ 값 7,000원
53. 존 넬슨 다비의 요한복음 묵상
　　　　　　　　　　　　　　　존 넬슨 다비 지음/이종수 옮김/값 8,000원
54. 프레드릭 W. 그랜트의 영적 해방이란 무엇인가
　　　　　　　　　　　　　　프레드릭 W. 그랜트 지음/이종수 옮김/값 4,500원
55. 홍해와 요단강을 통해서 나타난 하나님의 구원
　　　　　　　　　　　　　　　　윌리암 켈리 지음/ 이종수 옮김/ 값 4,800원
56. 그리스도와의 연합을 위한 성령의 역사
　　　　　　　　　　　　　　　　윌리암 켈리 지음/ 이종수 옮김/ 값 19,000원
57. 누가, 그리스도인인가?
　　　　　　　　　　　　　　　시드니 롱 제이콥 지음/ 박영민 옮김/ 값 7,000원
58. 선교사가 결코 쓰지 않은 편지
　　　　　　　　　　　　　　　프레드릭 L. 코신 지음 / 이종수 옮김/ 값 9,000원
59. 사랑의 영성으로 성자의 삶을 살다간 로버트 채프만
　　　　　　　　　　　　　　　　프랭크 홈즈 지음 / 이종수 옮김/ 값 8,500원
60. 므비보셋, 룻, 그리고 욥 이야기
　　　　　　　　　　　　　　　　찰스 스탠리 지음 / 이종수 옮김/ 값 7,500원
61. 구원의 근본 진리
　　　　　　　　　　　　　　　　에드워드 데넷 지음 / 이종수 옮김/ 값 6,500원
62. 회복된 진리, 6+1
　　　　　　　　　　　　　　　　에드워드 데넷 지음/ 이종수 옮김/ 값 6,000원
63. 당신의 상상보다 더 큰 구원
　　　　　　　　　　　　　　　프랭크 빈포드 호올 지음/ 이종수 옮김/ 값 6,500원

64. 뿌리 깊은 영성의 그리스도인으로 사는 법
　　　　　　　찰스 앤드류 코우츠 지음/ 이종수 옮김/ 값 9,000원
65. 천국의 비밀 : 천국, 하나님 나라, 그리고 교회의 차이
　　　프레드릭 W. 그랜트 & 아달펠트 P. 세실 지음/이종수 옮김/ 값 7,000원
66. 존 넬슨 다비의 성경주석: 베드로전 · 후서
　　　　　　　　　　　존 넬슨 다비 지음/장세학 옮김/ 값 7,500원
67. 존 넬슨 다비의 영광스러운 구원
　　　　　　　　　　　존 넬슨 다비 지음/이종수 엮음/ 값 15,000원
68. 어린양의 신부
　　　　　W.T.P. 월스톤 & 해밀턴 스미스 지음/ 박선희 옮김/ 값 10,000원
69. 성경에서 말하는 회심
　　　　　　　　　　　C.H. 매킨토시 지음/ 이종수 옮김/ 값 9,000원
70. 십자가에서 천년통치에 이르는 그리스도의 길
　　　　　　　　　　　존 R. 칼드웰 지음/ 이종수 옮김/ 값 7,500원
71. 그리스도와의 연합이란 무엇인가?
　　　　　　　　　　　에드워드 데넷 지음/ 이종수 옮김/ 값 9,000원
72. 하늘의 부르심 vs. 교회의 부르심
　　　　　　　　　　　존 기포드 벨렛 지음/ 이종수 옮김/ 값 16,000원
73. 당신은 진짜 새로운 피조물인가
　　　　　　　　　　　존 넬슨 다비 외 지음/ 이종수 옮김/ 값 12,000원
74. 플리머스 형제단 이야기
　　　　　　　　　　　앤드류 밀러 지음/ 이종수 옮김/ 값 14,000원
75. 바울의 복음, 그리스도의 영광의 복음
　　　　　　　　　　　존 기포드 벨렛 지음/ 이종수 옮김/ 값 9,000원
76. 악과 고통, 그리고 시련의 문제
　　　　　　　　　　　　　　　이종수 지음/ 값 9,000원
77. 요한계시록 일곱 교회를 향한 예언 메시지
　　　　　　　　　　　존 넬슨 다비 지음/이종수 옮김/ 값 18,000원
78. 영광스러운 구원, 어떻게 받는가
　　　　　　　　　　　존 넬슨 다비 지음/이종수 엮음/ 값 13,000원
79. 영광스러운 교회의 길
　　　　　　　　　　　존 넬슨 다비 지음/이종수 엮음/ 값 22,000원
80. 존 넬슨 다비의 성경주석: 디모데전후서, 디도서, 빌레몬서
　　　　　　　　　　　존 넬슨 다비 지음/이종수 옮김/ 값 15,000원
81. 성경을 아는 지식
　　　　　　　　　　　존 넬슨 다비 지음/이종수 엮음/ 값 18,500원
82. 십자가의 도
　　　　　　　　　　　존 넬슨 다비 지음/이종수 엮음/ 값 13,500원
83. 존 넬슨 다비의 성경주석: 고린도전후서
　　　　　　　　　　　존 넬슨 다비 지음/이종수 옮김/값 18,500원
84. 존 넬슨 다비의 성경주석: 사도행전
　　　　　　　　　　　존 넬슨 다비 지음/이종수 옮김/값 17,000원

85. 그리스도와의 연합을 위한 사도 바울의 기도
　　　　　　　　　　　존 넬슨 다비 지음/이종수 엮음/값 10,000원
86. 빌라델비아 교회의 길
　　　　　　　　　　　해밀턴 스미스 지음/이종수 옮김/값 10,000원
87. 무명한 자 같으나 유명한 존 넬슨 다비 전기
　　　　　　　　윌리암 터너, 에드윈 크로스 지음/이종수 옮김/값 12,000원
88. 성경의 핵심용어 해설
　　　　　　　　　데이빗 구딩, 존 레녹스 지음/허성훈 옮김/값 9,000원
89. 존 넬슨 다비의 성경주석: 히브리서, 야고보서
　　　　　　　　　　　존 넬슨 다비 지음/이종수 옮김/값 17,500원
90. 존 넬슨 다비의 성경주석: 요한복음
　　　　　　　　　　　존 넬슨 다비 지음/이종수 옮김/값 17,000원
91. 신부의 노래
　　　　　　　　　　　해밀턴 스미스 지음/이종수 옮김/값 10,000원
92. 에클레시아의 비밀
　　　　　　　　　　　해밀턴 스미스 지음/이종수 옮김/값 10,000원
93. 존 넬슨 다비의 성경주석: 누가복음
　　　　　　　　　　　존 넬슨 다비 지음/이종수 옮김/값 13,500원
94. 예수 그리스도를 따라 맨 밑바닥까지 내려가는 아름다움
　　　　　　　　　　　조지 위그램 지음/이종수 옮김/값 7,000원
95. 존 넬슨 다비의 성경주석: 마가복음
　　　　　　　　　　　존 넬슨 다비 지음/이종수 옮김/값 8,000원
96. 죄 사함과 죄로부터의 완전한 자유
　　　　　　　　　　　조지 커팅 지음/이종수 옮김/값 7,000원
97. 성령의 성화
　　　　　　　　　　　윌리암 켈리 지음/이종수 옮김/값 6,500원
98. 하나님의 義란 무엇인가
　　　　　　　　　　　윌리암 켈리 지음/이종수 옮김/값 9,000원
99. 길이요 진리요 생명이신 그리스도
　　　　　　　　　　　윌리암 켈리 지음/이종수 옮김/값 6,500원
100. 보혜사 성령
　　　　　　　　　　　W.T.P. 월스톤 지음/이종수 옮김/값 24,000원
101. 존 넬슨 다비의 성경주석: 창세기
　　　　　　　　　　　존 넬슨 다비 지음/이종수 옮김/값 8,600원
102. 존 넬슨 다비의 성경주석: 이사야
　　　　　　　　　　　존 넬슨 다비 지음/이종수 옮김/값 9,400원
103. "그리스도와의 하나됨"을 통한 동일시의 진리란 무엇인가
　　　　　　　　클라이드 필킹턴 주니어 책임편집/이종수 엮음/값 9,000원
104. 존 넬슨 다비의 성경주석: 다니엘
　　　　　　　　　　　존 넬슨 다비 지음/이종수 옮김/값 8,000원
105. 그리스도와의 하나됨을 통한 "양자 삼음의 진리"란 무엇인가
　　　　　　　　클라이드 필킹턴 주니어 책임편집/이종수 엮음/값 11,000원

106. 순례자의 노래
존 넬슨 다비 지음/문영권 옮김/값 12,000원
107. 존 넬슨 다비의 성경주석: 에스겔
존 넬슨 다비 지음/이종수 옮김/값 8,800원
108. 성경공부교재 제1권 거듭남의 진리
이종수 지음/ 값 5,000원
109. 존 넬슨 다비의 성경주석: 잠언, 전도서, 아가서
존 넬슨 다비 지음/이종수 옮김/값 5,000원
110. 성경공부교재 제2권 죄사함의 진리
이종수 지음/ 값 6,500원
111. 최고의 영광으로의 부르심
클라이드 필킹턴 주니어 편집/이종수 엮음/값 9,000원
112. 존 넬슨 다비의 성경주석: 예레미야, 예레미야애가
존 넬슨 다비 지음/이종수 옮김/값 9,000원
113. 존 넬슨 다비의 새번역 신약성경(다비역 성경)
존 넬슨 다비 지음/이종수 옮김/값 35,000원
114. 존 넬슨 다비의 성경주석: 소선지서
존 넬슨 다비 지음/이종수 옮김/값 20,000원
115. 삼층천의 비밀
클라이드 필킹턴 주니어 책임편집/이종수 엮음/값 17,000원
116. 존 넬슨 다비의 침례의 더 깊은 의미
존 넬슨 다비 지음/이종수 옮김/값 8,000원
117. 존 넬슨 다비의 성경주석: 시편(상)
존 넬슨 다비 지음/이종수 옮김/값 13,000원
118. 존 넬슨 다비의 성경주석: 시편(하)
존 넬슨 다비 지음/이종수 옮김/값 14,000원
119. 여자의 너울에 대한 교회사의 증언
이종수 엮음/값 10,000원
120. 사랑하시는 자 안에서 우리를 열납해주신 하나님의 은혜의 영광
찰스 웰치 지음/이종수 옮김/값 10,000원
121. 존 넬슨 다비의 천국의 경륜이란 무엇인가
존 넬슨 다비 지음/이종수 옮김/값 10,000원
122. 존 넬슨 다비의 아버지와 그의 아들 예수 그리스도와 더불어 누리는 사귐
존 넬슨 다비 지음/이종수 옮김/값 8,000원

Originally published under the title of
"Fellowship with the Father and the Son"
by John Nelson Darby
Copyright© Bible Truth Publishers
59 Industrial Road P.O. Box 649
Addison, IL 60101

Korean translation copyright
© 2011 by Brethren House, Korea
All rights reserved

존 넬슨 다비의 아버지와 그의 아들 예수 그리스도와 더불어 누리는 사귐

©형제들의 집 2011

초판 발행 • 2022.9.23.
지은이 • 존 넬슨 다비
옮긴이 • 이 종 수
발행처 • 형제들의집
관권©형제들의집 2011
등록 제 7-313호(2006.2.6)
주소 • 서울시 도봉구 도봉로 150가길 23
Cell. 010-9317-9103
홈페이지 http://brethrenhouse.co.kr
E-mail: asharp@empas.com
ISBN 979-11-6914-029-4 03230

*값은 뒤표지에 있습니다.
*잘못된 책은 바꿔드립니다.
*서점공급처는 〈생명의말씀사〉입니다. 전화(02) 3159-7979(영업부)